Der Herr vom Ringwall
Die letzten Tage der Kelten im Hochwald

Thomas Fritsch

Mit Illustrationen von Volker Schmidt-Gliaugir

Nünnerich-Asmus
Verlag & Media

Impressum

168 Seiten mit 59 Abbildungen
Titelabbildung: Illustration des „Hunnenrings“ in Otzenhausen.

Bibliografische Information der Deutschen Nationalbibliothek
Die Deutsche Nationalbibliothek verzeichnet diese Publikation in der Deutschen Nationalbibliografie; detaillierte bibliografische Daten sind im Internet über http://dnb.dnb.de abrufbar.

2. vollständig überarbeitete Auflage
ISBN 978-3-96176-276-7

Lektorat und Projektbetreuung: Tina Sieber
Korrektorat unter Mitwirkung von: Lena Vogel
Gestaltung des Titelbildes: hjwiehr, Oppenheim am Rhein
Gestaltung: Bild1Druck, Berlin

Printed in Europe by Nünnerich-Asmus Verlag & Media
Weitere Titel aus unserem Verlagsprogramm finden Sie unter
www.na-verlag.de

Inhalt

Vorwort

Die Erlebnisse und Abenteuer der jungen Mediomatrikerin Pettia und ihres treverischen Freundes Vectimarus am keltischen „Hunnenring" bei Otzenhausen erschienen erstmalig im Jahr 2010. Damals war es das Bedürfnis des Autors, eine vornehmlich jugendliche Leserschaft für die Kelten, das Volk der Eisenzeit, zu begeistern.

Nunmehr seit 25 Jahren mit der Leitung eines wissenschaftlichen Forschungsprojektes in Otzenhausen betraut, fühlt sich der Autor befähigt, die Geschehnisse am „Hunnenring" fundiert darstellen zu können. Da die ergrabenen, keltischen Relikte jedoch nur einen Ausschnitt des damaligen Lebens widerspiegeln, wurde die Geschichte als fiktive Handlung abgefasst. Sie liefert dem Leser ein Bild, wie es vor über 2000 Jahren am „Hunnenring" gewesen sein könnte.

Dennoch, viele Einzelheiten der Geschichte um die beiden Hauptpersonen entsprechen tatsächlichen Erkenntnissen. So wurde beispielsweise während den Ausgrabungen eine einst zerbrochene, in antiker Zeit reparierte Erntesichel gefunden. Ferner wurde auch eine Opfergrube entdeckt, in welcher ein Radmodell und ein eisernes Messer niedergelegt waren. Personen wie die Heilerin oder Fürst Indutiomarus haben tatsächlich existiert und waren vor Ort gewesen.

Seit der Erstausgabe von 2010 wurde weiter an dem Thema der Kelten und Römer am „Hunnenring" geforscht. Neue Erkenntnisse verlangten geradezu nach einer ergänzenden Neuauflage des Buches, um diese dem Leser mitzuteilen. Auch bietet die Fülle der Informationen heute die Möglichkeit, die Geschichte um die beiden Freunde weitaus detaillierter darzustellen. Die Entdeckung eines römischen Militärlagers unweit des „Hunnenrings" versprüht zudem einen Hauch von Weltgeschichte. Das regt an und fordert einen Autor heraus, seine Fantasie spielen zu lassen, zugleich aber die wahren Erkenntnisse stets im Auge zu behalten.

Ein besonderes Dankeschön gilt meiner Frau Andrea als geduldige Beraterin und Korrektorin des Buches.

Dank aussprechen möchte ich auch dem Team des Nünnerich-Asmus Verlags für seine stets kompetente Unterstützung und Beratung.

Widmen möchte ich das Buch der nächstfolgenden Generation junger Leser, allen voran meinen Enkeln Junes und Juna Karrenbauer. Auf dass spannende Geschichte(n) auch in Zukunft ihre Fangemeinde finden mögen.

Thomas Fritsch, Schwarzenbach, 2024

Der Herr vom Ringwall

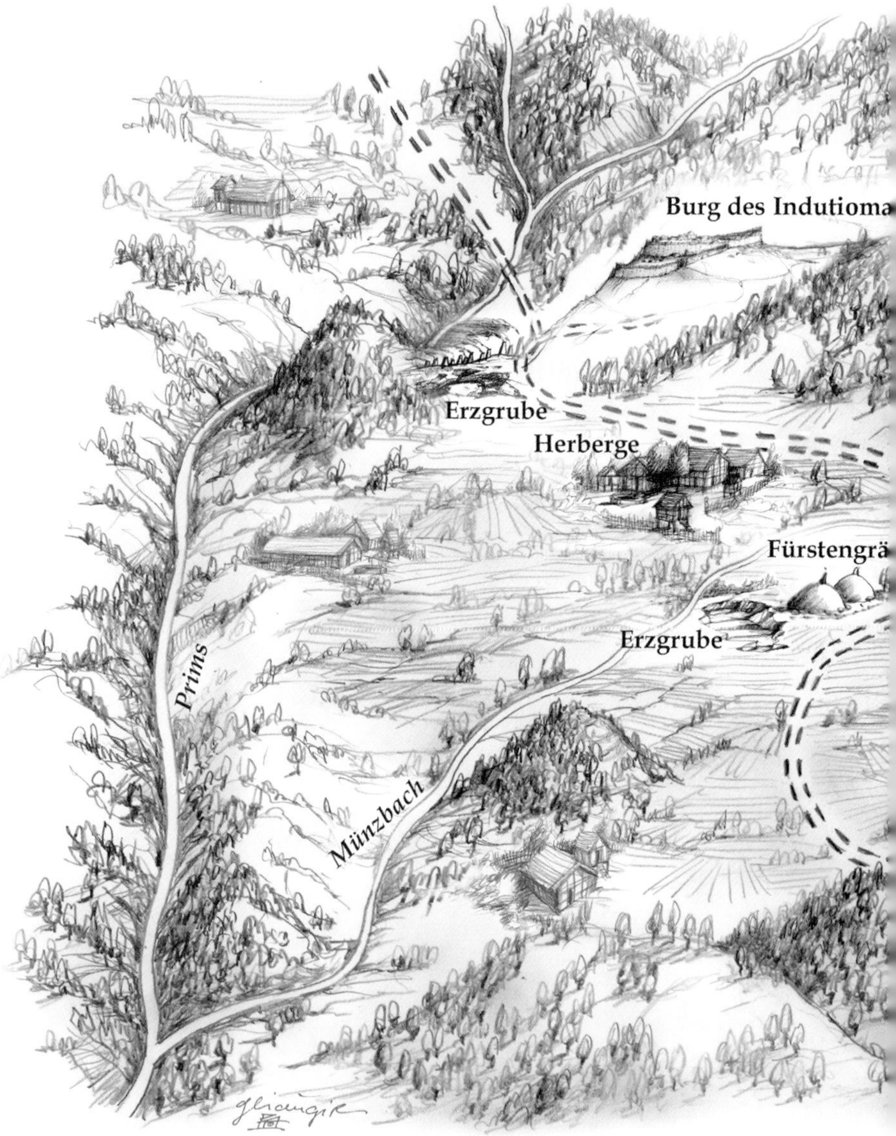

Karte der Region südlich des Dollberges mit der Burg des Indutiomarus, in der sich unsere Erzählung „Der Herr vom Ringwall“ abspielt. Heute liegen hier die Ortschaften Nonnweiler, Otzenhausen und Schwarzenbach, alle im Landkreis St. Wendel, Saarland.

Die Reisenden

Es war an einem frühen Morgen des Jahres 54 vor Christus. Die spätsommerliche Sonne begann gerade, den Nebel zu verdrängen, als Pettia und ihr Vater Redios den letzten Hügel überschritten, der ihnen die Weitsicht nahm. Der Nebel schien sie darauf hinzuweisen, dass der Sommer schon bald dem Herbst zu weichen hatte. Zeitgleich mit dem Verschwinden der letzten Dunstschleier erreichten sie den Rand des Hügelrückens, der ihnen endlich den Blick nach Norden, der Richtung ihres Zieles, freigab. Der plötzliche, eindringliche Warnschrei eines Eichelhähers galt wohl ihnen, denn das Mädchen konnte nichts Ungewöhnliches in der Umgebung erkennen. Nirgends war eine Gefahr auszumachen. Seit gestern durchzogen sie bereits das Gebiet der Treverer[1], eines den Mediomatrikern[2] wohlgesonnenen, befreundeten Keltenstammes. Deshalb war Pettia ganz auf den Ausblick konzentriert, der sich nun vor ihr auftat.

„Schau, Tatis[3]“, rief sie erstaunt, als beide eine Lichtung erreicht und den Wald hinter sich gelassen hatten, worauf ihr Vater den Kopf wandte und ihrem Blick folgte.

Umrahmt von mächtigen Hügeln lag da ein weitläufiges Tal, das mit zahlreichen kleinen Gehöften, weilerartigen Dörfern, Weiden und Feldern durchzogen war. Schon aus der Ferne sah man, dass die Menschen trotz des noch jungen Tages bereits auf die naheliegenden Felder eilten. Es war höchste Zeit, die Ernte einzubringen, denn die angebauten Getreide hatten ihre grüne Farbe längst verloren. Diese war der gelblich braunen Färbung des reifen Korns gewichen. Aber das bemerkte Pettia eigentlich gar nicht, denn sie war vielmehr an den vielen braunen Flächen, die überall im Tal verstreut lagen, interessiert.

„Was ist das denn da vor uns?“, fragte sie ihren Vater und wies auf diese Geländepunkte.

„Nun“, antwortete Redios, nachdem er der Richtung von Pettias ausgestreckten Arm gefolgt war, „was du dort siehst, das müssen die Erzgruben sein, wovon dein Onkel Pentorix zu Hause in Divodurum bereits gesprochen hat. Die braunen Flecken, das sind die großen Tagebaustellen, wo man die Erze abbaut und aus der Erde befördert. Diese Eisenerze und der Handel mit den daraus gewonnenen Produkten bringen den hier lebenden Treverern großen Reichtum ein. Und eben davon wollen wir profitieren, indem wir den wohlhabenden Leuten unsere Waren zum Kauf oder Tausch anbieten.“

Redios und seine Tochter hatten auf ihrem, von zwei mächtigen Auerochsen gezogenen, vierrädrigen Wagen allerlei begehrenswerte Handelswaren dabei. Die gewaltigen Ochsen mit ihren großen Hörnern wirkten auf den ersten Blick furchteinflößend, aber in Wirklichkeit waren es zwei dickhäutige, gutmütige Zugtiere. Sie waren in der Lage, den Karren über Stunden, auch über große Steigungen hinweg, stoisch zu ziehen. Es waren zwar langsame, aber auch sehr ausdauernde Tiere.

Pettia und ihr Vater kamen aus der Hauptstadt des südlich benachbarten Stammes der Treverer. Sie lebten nahe einer Stadt namens Divodurum[4]. Redios war in erster Linie ein Prenios, ein Händler, der vor allem mit Wein handelte. Er vertrieb aber auch andere beliebte Waren, wie zum Beispiel Salz aus den Salinen von Vic oder Heilsalben aus dem Land der Carnuten. Zusammen mit seinem Bruder Pentorix führte Redios ein zwar kleines, aber doch florierendes Handelsunternehmen. Ihr Erfolg lag größtenteils im Handel mit römischem Wein aus der Gallia. Einer von beiden kaufte die Handelsgüter im südlichen Teil Galliens ein und sorgte für deren Transport zu ihrem Geschäftssitz nach Divodurum. Der andere,

Redios, verkaufte die Waren direkt vor Ort oder indem er sie den Menschen der benachbarten Regionen, so auch den Treverern, anbot.

Aber es waren momentan schwierige Zeiten, denn die Römer, mit denen sie stets guten Handel in Südgallien betrieben hatten, erwiesen sich in ihrer Überheblichkeit und Arroganz als unersättlich. Ständig stellten sie neue Forderungen an die im freien Gallien siedelnden Stämme. Immerzu verlangten sie mehr Land, Sklaven, Gold oder andere Wertsachen. Forderungen, welche für die stolzen Kelten unannehmbar waren. Nachdem vor wenigen Jahren der Keltenstamm der Helvetier dummerweise die Römer um Hilfe gegen kriegerische Germanenhorden gebeten hatte und diese auch noch in das von Rom besetzte südliche Gallien auswandern wollten – was den Römern gar nicht gefiel –, hatten die Römer die Gelegenheit genutzt, um sich auch in Restgallien breit zu machen. Dies vor allem, seit dieser römische Senator Gaius Julius Caesar vor wenigen Jahren zum Konsul des römischen Volkes ernannt worden war. Von da an war das Leben in Gallien gefährlich geworden. Durch List und Tücke verstand es Caesar, Zwietracht unter den keltischen Stämmen zu säen. Diese Streitigkeiten zwischen den keltischen Volksstämmen machte er sich dann geschickt zu zunutze, um nacheinander alle Stämme unter seine Gewaltherrschaft zu pressen. Zum Glück waren die hiesigen Gebiete bislang von den schlimmen Kämpfen verschont geblieben, doch die Auswirkungen des Krieges waren auch hier spürbar. Denn immer schwieriger war es nun, die alt bekannten Handelswege zu bereisen beziehungsweise gefragte Waren einzuhandeln oder gar zu verkaufen. Überall lauerten dieser Tage Gefahren auf die Reisenden und Händler.

So kam es auch, dass Pentorix, welcher der Jüngere der beiden Brüder war, den gefährlicheren Teil der Arbeit übernommen hatte. Er besorgte neue Waren aus dem Süden, während Redios als der Ältere den Verkauf übernommen hatte. Dies war auf Redios' Betreiben so festgelegt worden. Nach dem überraschenden Tod von Pettias Mutter vor über einem Jahr reisten er und seine Tochter stets gemeinsam übers Land. Währenddessen führte Pettias älterer Bruder zu Hause mit seiner jungen Frau zusammen die Ladengeschäfte. Pettia würde bald Tante werden und sie freute sich schon auf ihre Rückkehr, denn dann müsste das Kind eigentlich schon geboren sein, so die Götter es wollten. Redios brauchte die Hilfe seiner Tochter, denn nach einem Unfall konnte er nur noch mit einem

Arm richtig arbeiten. Das Rad eines voll beladenen Gespanns hatte nach seinem Sturz auf der Straße vor ihrem Haus seinen Arm überrollt und zerquetscht. Der linke Arm war seither steif und kraftlos geblieben. Er konnte mit dieser Hand nicht mehr fest zupacken und benötigte daher stets Hilfe beim Auf- und Abladen der Waren.

„Ja", dachte er bei sich, „seit dem Tod meiner Frau ist alles noch trauriger und komplizierter geworden." Wie hatten sie sich doch darauf gefreut, so viele Jahre nach der Geburt von Pettia noch ein weiteres, drittes Kind zu bekommen. Und dann, wenige Wochen vor der Geburt dieses Kindes, kam es zu Komplikationen. Erst diese körperliche ständige Müdigkeit, dann die qualvollen Schmerzen und das brennende Fieber in ihrem Körper. Redios konnte jetzt noch das Feuer in ihrem gepeinigten Blick vor seinem geistigen Auge erkennen. Das Feuer, welches ihm letztendlich seine geliebte Frau genommen hatte. Selbst seine Gebete und viele Opfergaben, sowie auch die für ihre Heilkünste berühmte Zauberin aus dem Waldheiligtum nahe Divodurum konnten mit ihren Salben, Heiltränken und Ritualen den kritischen Zustand seiner Frau nicht verbessern, sodass zuletzt beide, die Mutter und das noch ungeborene Kind, qualvoll starben.

Aber das Leben musste weitergehen und gerade in diesen schweren Zeiten musste Redios dafür sorgen, dass es seiner übrigen Familie gut ging. In wenigen Jahren hoffte er aber, das Geschäft in die Hände seines Sohnes legen zu können, um sich dann den schönen Aufgaben eines Großvaters widmen zu können.

Mit einem Seufzer erwachte er aus seinen trüben Gedanken und zog seine cucula, eine kurze und aus Leder genähte Regenjacke, enger um die Schultern, denn es fröstelte ihn, nicht nur wegen der Schwere seiner Gedanken.

„Der Herbst ist nun wohl endlich gekommen", sagte er zu Pettia, mehr um sich selbst abzulenken. Tatsächlich hatte die Sonne nicht mehr die Wärme wie noch vor wenigen Wochen und der kühle Wind aus dem Norden kündigte den herannahenden Winter an.

Pettia, die seine schlimmen Gedanken nicht ahnte, lief lachend vor dem Karren her und erfreute sich an dem Geschnatter einer Schar Wildgänse, die in ihrer typischen Keilformation über sie hinweg Richtung Süden flogen. Es waren die Ersten für dieses Jahr.

„Früh dran sind die dieses Jahr. Oder kriegen wir dieses Jahr einen besonders frühen Winter?", fragte sie sich. „Normalerweise fliegen die doch erst im späten Herbst davon. Anscheinend lieben sie die kalte Jahreszeit noch weniger als ich! Ach, könnte ich doch mit ihnen fliegen. Dann wäre mein Überleben auch während der kalten Winterzeit mit seiner Gefahr des Verhungerns gesichert."

Denn erst letzten Winter hatte sie schmerzlich damit Bekanntschaft gemacht. Schlechtes Wetter mit viel Regen und wenig Sonne hatte ihnen eine geringe Ernte beschert, die der Bevölkerung kaum zum Überleben reichte. Wie musste es erst den Menschen gegangen sein, in deren Gebieten sich die römischen Truppen einquartiert hatten! Man hörte, dass die Legionäre auch das letzte Brot und alles Schlachtvieh genommen hatten, um sich selbst zu verpflegen. Was mit den keltischen Besitzern geschah, schien ihnen völlig egal zu sein. Ja, man hörte wirklich nichts Gutes aus den Kampfregionen, die sich ständig woanders hin verlagerten. Was wird erst werden, wenn die Römer einmal in unser Gebiet vordringen?

„Schluss damit!", sagte sie sich fest entschlossen, die bösen Gedanken zu vertreiben. Sogleich wandte sie sich wieder ihrer Aufgabe zu, die Ochsen anzutreiben. Schließlich wollte sie ja heute endlich das Ziel ihrer Reise erreichen. „Hej, hej!", rief sie und schnalzte dabei mit der Zunge. Ein Zeichen, dass die Ochsen wahrnahmen und sich sogleich strammer in die Riemen legten.

Pettia war nun schon elf Sommer alt und ihr Vater hatte sie nicht nur mitgenommen, weil er sie in unsicheren Zeiten nicht alleine lassen wollte. Nein, er wusste auch, dass er in ihr bereits eine vollwertige Hilfe hatte. Sie war ihm eine pflichtbewusste und große Unterstützung bei seinen Handelsunternehmungen. In zwei bis drei Jahren würde sie heiraten und dann selbst Kinder bekommen. Dann müsste er sich nach einem Ersatz für sie umsehen, wenn er sich nicht bereits zur Altersruhe begeben hatte.

„Bei Cernunnos, dem gehörnten Gott der Natur", dachte Redios. „Die Zeit fliegt nur so dahin! Seit dem Tod meiner geliebten Gemahlin kann ich mich für keine andere Frau mehr begeistern. Und nun, mit 35 Jahreszyklen, fühle ich mich auch schon zu alt für eine neue Beziehung."

„Sieh, Tatis!", rief da Pettia, die mittlerweile ihre Grübeleien hinter sich gelassen hatte. „Da hinten auf dem Berg, die mächtige Festung!" Nachdem die letzten Nebelschwaden sich auch über dem im Norden stehenden Berg verflüchtigt hatten, sahen sie nun das tatsächliche Ziel ihrer Reise. „Bei den Göttern, muss die Burg gewaltig sein, wenn man ihre Mauern schon aus dieser Entfernung sehen kann!", sagte sie und lief juchzend voraus.

In der Tat waren sie noch gut drei römische Meilen davon entfernt. Die Wehrmauern überragten sogar die ausgewachsenen Bäume des Burgberges an Höhe, mussten also gewaltig hoch sein. Ein beeindruckender Anblick. Pettia war gespannt darauf, die Anlage aus der Nähe betrachten zu können.

Doch zunächst hielten sie mit ihrem Gespann auf die Erzgruben in dem vor ihnen liegenden Tal zu, welches sie dann am frühen Nachmittag auch erreichen sollten. Hatte man oben auf der Höhe das Geschehen nur sehen können, so waren es nun die vielen Geräusche, welche die ganze Szenerie erst richtig zum Leben erweckten. Das Geschrei von spielenden Kinder mischte sich mit den Rufen und Geräuschen der auf den Feldern arbeitenden Erwachsenen. Hinzu kam das Quietschen der aus den Tagebaustellen sich nähernden, mit Erzsteinen schwer beladenen Wagen. Die Zugtiere wurden oftmals von den Fahrern unter lauten Rufen und Peitschenknallen zur Eile angetrieben. Die Felle der schwer schuftenden Ochsen dampften dabei vor Anstrengung. Die Wagenlenker selbst gingen neben den beladenen Fuhrwerken her, um damit deren Gewicht etwas zu verringern. Anders die mit leerem Wagen Zurückfahrenden. Da saßen die Fahrer auf ihren Wagen, hielten untereinander ein Schwätzchen oder kauten an ihrer Verpflegung, bevor sie zur nächsten Fuhre aufbrachen.

Redios fragte einen am Wegesrand stehenden Bauern nach einer Herberge für die Nacht, denn um an diesem Tag noch zur Burg zu kommen und dort Handel zu treiben, dafür reichte die Zeit nicht mehr aus. Mit ihren im Schritttempo marschierenden Ochsen schafften sie gerade einmal sechs bis sieben römische Meilen pro Tag. Eine viel kürzere Strecke als ein Pferdewagen, aber die Ochsen zogen dafür wesentlich größere Lastenmengen.

„Oben auf dem Höhenrücken folgt ihr der Gräberstraße entlang Richtung Osten und biegt dann nach links in Richtung Tempelanlage ab. Haltet euch ruhig an diesen Weg, ihr werdet deren Gebäude schon von Weitem sehen können. In ihrer Nähe findet ihr gleich mehrere Herbergen! Ich denke, ihr müsst ein wenig suchen, denn die meisten Häuser sind schon bis auf den letzten Platz besetzt", rief ihnen der Bauer zu, während er sich umdrehte, um die Mäharbeiten am Getreide fortzusetzen.

Zuvor nahm er aber seine Sense zur Hand, drehte den Griff Richtung Boden, damit das eiserne Sensenblatt nach oben zeigte. Dann ergriff er einen länglichen Wetzstein aus seinem Brustbeutel und wischte mit diesem rhythmisch längs der Schneide entlang hin und her. „Zing – zäng – zing – zäng", begleitete das Schärfgeräusch sie noch auf den nächsten Metern.

„Sag, Vater, was ist das für ein seltsames Gerät, mit welchem die Männer da vor uns das Getreide ernten?!" Redios blickte auf ein benachbartes Feld, auf welchem mehrere Arbeiter gemeinsam ihre Tätigkeit verrichteten. Anscheinend war es ein Bauer mit seiner Familie und deren Knechten, die da alle gemeinsam mit der Ernte beschäftigt waren. Tatsächlich sah es schon seltsam aus, was der Bauer da mithilfe seines Ochsen über das Feld bewegte. Er dirigierte an speziellen Griffen zwei lange Stangen, die seitlich des Tieres mit Gurtzeug befestigt waren, um dann weiter nach vorne zu laufen. Vor dem Ochsen endeten sie in einem Querholm, an dem, ähnlich wie bei einem Kamm, viele scharfe Sichelklingen zahnartig nebeneinander angebracht waren. Hinter den Klingen befand sich ein hölzerner Kasten. Der Bauer konnten durch Heben oder Senken der Griffe die Höhe des Kammes korrigieren, sodass die scharfen Klingen, ähnlich einer Sichel, das reife Getreide von den Halmen abschnitten. Redios erklärte seiner Tochter auf ihre Frage hin, dass es sich bei dem vallus um eine Mähmaschine[5] handele. Währenddessen füllten andere Erntearbeiter das abgemähte Getreide, welches beim Abschneiden in den an der Maschine hängenden Kasten gefallen war, aus diesem in größere Säcke um.

„Das ist eine südgallische Erfindung, das vallum. Mittlerweile verbreitet es sich auch bei uns und in der Belgica immer mehr. Denn damit vereinfacht sich die Arbeit in der Getreideernte immens. Ich habe sie bei meinen Handelsreisen in den Süden bereits mehrfach gesehen", fügte Redios erklärend hinzu. „Damit lässt sich viel mehr Getreide in wesentlich kürzerer Zeit einbringen."

Wiederum führte ihr Weg sie auf Höhenrücken. Nun konnten sie links unterhalb dessen eine Erzgrube erkennen, welche sie am Morgen schon als riesiges Loch in der Landschaft wahrgenommen hatten. Auch hier pendelten volle und leere Transportwagen hin und her. Ein Hämmern und Klopfen deutete auf rege Arbeiten in der für sie nicht einsehbaren Abbaugrube hin.

Pettia wollte ihren Vater eigentlich noch hierzu befragen, aber ihre Aufmerksamkeit wurde auf zwei riesige Grabhügel gelenkt, die am Ende des Höhenrückens den Anfang gleich mehrerer alter und neuerer Bestattungsplätze bildeten. Ihre Höhe von über vier Metern und deren riesiger Durchmesser von über 30 Metern wies auf die Bedeutung der darin bestatteten Personen hin. Die Grabhügel mussten bereits sehr, sehr alt sein, denn seit Generationen war es nicht mehr üblich, die Toten unter Erdhügeln zu begraben. Pettias Mutter war, ebenso wie alle Verstorbenen, die sie kannte, in einer flachen Grube bestattet worden. Zwar waren die Gruben manchmal mit Holzkammern ausgekleidet, oberirdisch waren die Gräber aber nur dann zu erkennen, wenn ein markanter Stein oder ein Holzpfosten sie kennzeichnete.

„Tatis, was sind das für Gräber?"

„Man sagt, dass in ihnen die Ahnherren des hier ansässigen Stammes begraben sind. Nicht nur, dass sie sehr reiche Fürsten gewesen sein sollen und fremdartige, wertvolle Beigaben mit in das Totenreich bekommen haben. Sie sollen auch die Begründer der mächtigen Burg gewesen sein!“, erklärte ihr Vater.

Als sie ihr Weg an den Grabhügeln vorbeiführte, sahen sie auf der rückwärtigen Seite der Hügel einen kleinen Altar. Darauf waren ein Holzteller voll frischer Backwaren und zwei Tonkrüge mit klarem Trinkwasser angerichtet. Der beißende Rauch eines schwach glimmenden Feuers verriet, dass hier den Göttern zu Ehren kürzlich Speisen verbrannt worden waren. Den Ahnherren wurde also immer noch gedacht und geopfert, trotzdessen sie schon so lange tot waren. Einige frische Gräber waren wie üblich mit Felsbrocken gekennzeichnet. Anscheinend beerdigten die adeligen Nachkommen der Fürsten ihre Toten noch immer bei den Grabstätten ihrer Vorfahren. An einer mit farbig bemalten Holzbrettern umgrenzten Stelle ragte die Mündung einer bis in das Grab hineinreichenden Amphore aus dem Boden heraus. Sie war zwar mit einer flachen Steinplatte abgedeckt, doch Pettia wusste aus den Erzählungen ihres Vaters, dass hierzulande bei Opferungen am Grab die Lebenden dem Toten Nahrung und Getränke durch die Gefäßöffnung in das Grab zukommen ließen. So konnte der Tote an den gemeinschaftlichen Essen teilnehmen. Der Gedanke gefiel Pettia sehr, konnte man auf diese Weise doch mit den Verstorbenen in Kontakt treten. Zusätzlich froh war sie darüber, dass sie beziehungsweise ihr Vater diese Amphoren ja als Handelsgut mit sich führten. Das steigerte ihre Hoffnung auf gute Geschäfte etwas.

Kaum hatten sie ihren Weg fortgesetzt, als plötzlich aufkommendes, wütendes Geschrei Pettia zurückblicken ließ. Mehrere Hunde der Dorfbewohner begannen zusätzlich mit einem wilden Gebell und Knurren. Pettia erkannte auch sogleich den Grund des Aufruhrs. Ein vermutlich herrenloser Hund hatte sich den Opferspeisen genähert. Er versuchte, davon zu fressen. Mit ängstlich eingedrehtem Schwanz beobachtete er wachsam die Dorfhunde, setzte dabei aber vorsichtig sein Vorhaben fort. Von dem Gebell aufmerksam geworden, bemerkten auch einige schmutzige, in grauen Kitteln steckende Männer den verwilderten Hund. Es waren wohl Arbeiter aus der Erzmine, die sogleich mit Steinen nach dem abgemagerten Tier warfen. Dieses, ein graubrauner, langbeiniger Köter mit deutlich sichtbaren Rippenknochen, machte sich gerade daran, das den Toten zugedachte Essen gierig zu verschlingen. Zunächst ließ er sich nicht von der von ihm begehrten Nahrung vertreiben. Zu groß war die Gier, sei-

nen Hunger zu stillen. Erst als ihn einer der nach ihm geworfenen Steine an seinem mageren Körper traf, lief das zottelige Vieh laut aufjaulend und mit langen Sätzen davon. Neben den Wölfen gab es überall zahllose verwilderte Haus- und Hofhunde, um die sich niemand kümmerte und die auf jede Art und Weise versuchten, an Nahrung zu kommen. Pettia taten diese Tiere leid, aber was konnte man machen, wenn selbst die Menschen nicht immer genug zu essen hatten.

Nun passierten sie im Wechsel mehrere Wiesen mit grasenden Pferden und bereits abgeerntete Ackerflächen. Ohne weitere Unterbrechungen hielten sie auf eine nahe Wegekreuzung zu. Dies musste die von dem Bauern beschriebene Wegegabelung Richtung Tempelanlage sein. Also bogen sie nach Norden ab und kamen dabei an einem weiteren, alten Friedhof vorbei. Dessen größter Hügel fiel dadurch auf, dass er von zwei parallelen Gräben flankiert wurde, die sich zu ihrem Weg hin öffneten. Offensichtlich hatte man dieses Hügelgrab von den umliegenden Grabstätten sichtbar abgrenzen wollen.

„Das war wohl auch jemand Besonderes, der hier begraben liegt", dachte Pettia für sich.

Bevor sie weitergehen konnten, mussten sie noch eine kurze Pause einlegen. Denn eine Gruppe Reiter passierte schnellen Rittes die Kreuzung. Strebsam ritten diese auf die Festung zu. Es waren insgesamt wohl zehn bis fünfzehn berittene Krieger, vorneweg ihr Anführer. Als solcher war er nicht nur an seiner kostbaren Gewandung erkennbar. Vor allem sein langes, eisernes Schwert mit der im tiefen Sonnenlicht funkelnden Scheide fiel Pettia ins Auge. An der anderen Seite seines braunen Rappens hing ein großer, ovaler Schild. Als Erkennungszeichen zierte diesen ein blauer Zentaur, ein Mischwesen aus Pferd und Mensch, auf weißem Untergrund. Die restlichen Reiter waren mit den üblichen Waffen keltischer Krieger ausgestattet. Dies waren meist Lanzen, Speere oder Hiebmesser mit langen Klingen. Zwei, drei weitere Krieger hatten auch Schilde an ihren Sätteln hängen. Die waren je nach Vorliebe des Trägers von runder oder ovaler Form. Die Gruppe musste heute schon weit gereist sein, denn das Fell ihrer Pferde war schweißtriefend und glänzend, während an den Pferdemäulern Schaumflocken hingen. Es hatte ganz den Anschein, als wären sie in eiliger Mission zur Burg unterwegs.

Redios und Pettia folgten den Reitern. Bald erreichten sie ein frei liegendes, offenes Plateau, auf dem schon von weitem einige Gebäude zu erkennen waren. Darunter war auch die gesuchte Herberge. Mittlerweile war es schon später Nachmittag und die Sonne begann sich auf den Weg in die Unterwelt zu machen. Dem Händler schmerzten schon seit längerem die Füße, die in ledernen, gebundenen Schuhen steckten. Immerhin, denn die meisten Leute hatten gar keine Schuhe und mussten das ganze Jahr über barfuß laufen. Aber nicht nur wegen seiner wunden Füße hielt er es für das Beste, sich baldmöglichst und noch bevor es endgültig dunkel wurde, nach einer Übernachtungsmöglichkeit umzuschauen.

Die Gebäudegruppe, welche sie nun erreicht hatten, gehörte tatsächlich zu einem kleinen Tempelbereich, der wohl das religiöse Zentrum im Tal darstellte. Die dazugehörigen zwei kleinen Herbergen waren bereits vollständig belegt, wie man es ihnen vorausgesagt hatte. Andere Handelsreisende waren ihnen bereits zuvorgekommen und hatten alle Zimmer angemietet. Man sagte ihnen aber, dass es weitere Übernachtungsmöglichkeiten entlang des Weges Richtung Burg gebe. Müde zogen sie also weiter des Weges, durchquerten einen eng geschnittenen Bachgrund mit steilen Hängen, um dann, nach erneut schwierigem Anstieg, endlich eine etwas größere Herberge zu erreichen.

„Hoffentlich bekommen wir hier ein Dach über dem Kopf“, hoffte Pettia, die mittlerweile ebenfalls müde von dem langen Tagesmarsch war.

Auch in dieser Unterkunft war keine Schlafstätte mehr frei. Doch in dem zugehörigen Stall gab es sowohl einen Stellplatz für die Ochsen und den Wagen als auch für Pettia und ihren Vater eine provisorische Schlafgelegenheit. Mensch und Tier waren müde vom langen Tagesmarsch und was gab es Schöneres, als einen warmen Schlafplatz im Heu?! Außerdem erschien ihnen der Schlafplatz hier gemütlicher als in der stickigen Enge der Herberge. Mit ihren Schafsfellen als Unterlage und den noch von Pettias Mutter selbst gewebten, wärmenden Decken ließ es sich auch zur kühleren Jahreszeit angenehm im wohlduftenden Stroh schlafen. Außerdem verbreiteten die im Stall untergebrachten Tiere eine angenehme Wärme. Deren Geruch weckte in dem Mädchen ein Gefühl von Geborgenheit, wie sie es von zu Hause kannte. Deshalb empfand sie es sogleich als gemütlich und war froh, dass sie endlich ihr Tagesziel erreicht hatten. Nach Herrichtung ihres Lagers begaben sich Vater und Tochter in die dämmrige Schenke, wo sie an einem der grob gearbeiteten Holztische noch einen Platz fanden. Pettia war bereits so ermüdet, dass sie den anwesenden Leuten nur wenig Beachtung schenkte. Allerlei Volk war hier versammelt, wie sie im Schein der rußenden Talglichter erkennen konnte. Meist waren es Händler aus der weiteren Umgebung, aber auch einige Bauern genehmigten sich nach getaner Arbeit noch einen Feierabendtrunk. Ein Flötenspieler spielte zur Belustigung noch einige muntere Weisen in der Hoffnung auf ein kleines Trinkgeld oder ein Trinkhorn Met, einer Art Bier. Die entspannende Musik und die in der Herberge herrschende Wärme vom Kochfeuer, den Fackeln und den vielen Menschen ließen Pettia in einen Halbschlaf verfallen. Gerade wollte sie den Kopf auf die Tischplatte legen, als endlich das Essen kam.

Nach dem stärkenden Mahl, bestehend aus einem Getreidebrei mit Fleischeinlage, verließen sie sogleich die Schenke und ließen sich im Stall zufrieden auf ihr Lager fallen. Nun war sie erst recht total müde! Bevor sie einschlief, dachte Pettia noch daran, dass sie sich bald die gewaltige Burg anschauen wolle. Die Glieder wurden ihr angenehm schwer und ihre Gedanken flossen in einen Traum über, in dem sie bei ihrem Besuch auf der Burg einen jungen adeligen Krieger kennenlernt. Mit ihm hat sie zahlreiche Abenteuer zu bestehen, bevor beide sich ineinander verlieben und er sie zu seiner Gefährtin nimmt. Daher vernahm sie auch nicht mehr, dass ihr Vater sich mit weiteren Gästen auf dem Hof unterhielt und dass die Gespräche der Männer nicht so freudig waren wie ihre Träume. Ja, teils waren die Gespräche voller Angst und Sorge. Fast ausnahmslos wurde über einen bevorstehenden Krieg gesprochen. Kriegergruppen aus allen Teilen des Stammesgebietes der Treverer kämen auf der Burg zusammen, um sich in einem Thing zu beraten. Die mittlerweile tiefschwarze, mondlose Nacht und das „Kra-Kra“ eines Schwarms unsichtbar in der Dunkelheit der Baumwipfel balgender Rabenvögel untermalten die Sorgen der Männer noch zusätzlich. Galten die Raben bei den Kelten doch als Boten der Unterwelt.

Besuch im Tempel

Am nächsten Morgen erwachte Pettia gestärkt von ihren schönen Träumen. Voller Tatendrang krabbelte sie aus ihrem warmen Lager, zog ihr Kleid an und lief zu ihrem Vater, der bereits ihre Ochsen versorgte und sich dabei schon über erste Absatzmöglichkeiten seiner Waren erkundigte. Redios schloss sie innig in seine Arme, hieß sie aber sogleich, ihr Lager in Ordnung zu bringen. Denn er gedachte bis zu ihrer Rückkehr weiter hier zu wohnen. Zudem wollte er versuchen, seine Geschäfte noch heute in Gang zu bringen, um der allgemein riskanten Lage wegen möglichst bald wieder in Richtung Heimat aufzubrechen. Als Pettia zurück zum Stall ging, sah sie nah und fern und wie schon am Vortage Gruppen von Kriegern zu Fuß oder zu Pferd Richtung Burg eilen. Was das wohl zu bedeuten hatte? Anscheinend nichts Gutes, wie auch am Verhalten ihres Vaters zu erkennen war. Der ließ sich zwar nichts anmerken und sagte Pettia gegenüber auch nichts Beunruhigendes, aber sie wusste dessen Verhalten genauestens zu deuten. Also machte sie sich im Stall daran, Mutters selbst gewebte Decken vom Stroh zu befreien und die Felle zu lüften. Sie breitete sie sauber und ordentlich auf einer gleichmäßig dicken Schicht Stroh aus. Vater sollte sehen, dass er sich voll und ganz auf sie verlassen konnte.

Aus dem Gespräch anderer Reisender, die ebenfalls die Nacht im Stall verbracht hatten und ihre Sachen in Ordnung brachten beziehungsweise ihr Gepäck verstauten, vernahm sie, dass der hiesige Stammesfürst einen Landtag, also einen Kriegsrat, einberufen hatte, der morgen auf der Burg stattfinden solle. Ein kleiner, dicklicher Händler vom Stamm der Averner erzählte, dass die Römer kürzlich in sein Stammesgebiet einmarschiert wären, worauf man die Anführer aller belgischen Stämme zusammenrief, um ein gemeinsames Heer gegen die Feinde aufzustellen. Immerhin waren das alles Stämme, die nördlich der Treverer bis zum großen Meer und nach Osten zum Rhenus hin siedelten. Die Treverer waren also – im Gegensatz zu den Mediomatrikern, zu denen Pettia und ihr Vater gehörten, der südlichste Teilstamm der Belger. Nun verstand Pettia erst recht die Eile ihres Vaters und das ständige Auftauchen verschiedener Stammesabordnungen hier vor Ort. Sie wusste auch um die ernste Bedeutung eines solchen Treffens. Ein Landtag oder Kriegsrat wurde nur zu sehr wichtigen, meist ernsten Ereignissen einberufen. Nicht nur, dass dort politische oder rechtliche Angelegenheiten besprochen wurden. Es war auch die Pflicht eines jeden einzelnen Anführers, gemeinsam mit seinen Waffenträgern zu dem Ereignis zu erscheinen. Ein Nichterscheinen stand sogar unter Todesstrafe. Selbst ein Zuspätkommen konnte ohne triftigen Grund bereits dazu führen.

„Tochter, nun komm endlich!", rief ihr Tatis. „Lass uns zu dem nahegelegenen Tempel pilgern, den wir gestern Abend gesehen haben. Ich möchte den Göttern opfern, damit sie uns bei unseren Geschäften hold gesonnen sind!"

Zu Fuß folgten sie für eine kurze Strecke dem steinigen Weg, den sie gestern bei ihrer Anreise gekommen waren. Ochsen und Karren mit den Waren standen währenddessen sicher verschlossen in ihrem Quartier.

„Heute Morgen sieht die Welt eigentlich viel schöner aus als gestern", dachte Pettia. Die emporsteigende Sonnenscheibe hatte zwar keine sommerliche Kraft mehr, aber tatsächlich war es heute trocken und windstill. Es schien, als würde dies ein schöner Tag werden. Auch ihr Vater war heute fröhlicher als gestern. Zwar bedrückten die bevorstehenden, unabwägbaren Geschehnisse sein Gemüt, aber die baldige Versammlung hatte auch ihr Gutes, denn wo viele Menschen zusammenkommen, da sollte auch guter Handel möglich sein. Vielleicht könnten sie alsbald schon in die Heimat zurückkehren?! Als die beiden den Bachgrund mit seinem gurgelnden, frischen Wasser erreichten, ließen sie sich erst einmal das kühle Nass schmecken. Direkt von den nahen Bergen kommend, war es von einer so belebenden Frische, dass Pettia mehrmals ihre Hände in das quirlige Wasser tauchte und diese gefüllt zu ihrem Mund führte. In den nahen Bäumen und Sträuchern zirpten Vögel ihre munteren Gesänge und erhellten zusätzlich die Stimmung. Hinter dem Wasserlauf bogen sie vom Hauptweg nach links ab und folgten einem Pfad, der sie durch den immer enger werdenden Bachgrund talaufwärts in Richtung seiner Quelle führte. Kaum hatten sie den Pfad entlang des Bachgrundes beschritten, da überkam Pettia auch schon ein eigenartiges Gefühl. Das Rauschen des Baches, und die zunehmende Enge des immer düsterer werdenden Tales, die unüberblickbaren, dicht bewachsenen Hänge ließen ihr kalt und warm zugleich werden. Hinter ihnen verschloss sich das Grün der Bäume und Sträucher zu einem schalldichten Vorhang, der selbst die Gesänge der Vögel schluckte.

Hatte sie etwa Angst vor dem, was sie an der Kultstätte erwartete? Nein, es war vielmehr eine innere Unruhe, vermischt mit Neugierde vor dem, was nun kommen sollte. Sie durchquerten weiter eine eigenartige, aber schöne Landschaft mit skurrilen Felsen und knorrigen, verwachsenen Bäumen, deren Blätter sich bereits ins Rötliche zu färben begannen. Dazu zauberte die Sonne kontrastreiche Lichtspiele auf den Waldboden, die sich aus dem Wechsel von Licht und Schatten ergaben und in einem gleichförmig sich wiegenden Rhythmus über den Grund wanderten. Eigenartige, fremde Gerüche stiegen von den hier wachsenden Pflanzen auf. Hatten diese etwa ihre Sinne verzaubert? Fast meinte Pettia, dass die über den Boden huschenden Schatten Gestalt annähmen und die daraus entstehenden Wesen im Rhythmus des fließenden Wassers zu tanzen begännen. Als ein Windstoß durch die Bäume fuhr, wurde der Tanz der Schatten schneller und schneller. Aus den rhythmisch gleichmäßigen Bewegungen der Äste wurde ein wilder Wirbel, der die Schatten wie in Ekstase aufeinander zuspringen ließ. Plötzlich hielten diese inne, und gleichsam fanden Pettias Gedanken wieder in die Wirklichkeit zurück. Ihrem Vater schien es ähnlich gegangen zu sein, denn auch er starrte seltsamen und nachdenklichen Blickes auf die Schatten der Blätter.

So folgten sie schweigend und nahezu lautlos dem ansonsten menschenleeren Pfad, bis sie zu einer wunderschönen Stelle im Wald kamen. Denn hier ergossen sich drei Quellläufe gurgelnd und glucksend in wunderschönen Kaskaden in ein gemeinsames Bachbett, um miteinander vereint den Bach zu bilden, dem sie bis hierher gefolgt waren. Unterhalb des Zusammenflusses war ein steinernes Becken zu sehen. Beide spürten förmlich die Nähe der Gottheit, die in diesem Hain verehrt wurde. Unschwer war zu erkennen, dass Pilger hier ein heiliges Wesen anriefen, denn zahlreiche Stämme uralter Buchen und Eichen waren zu Ehren der Götter mit bunten Stofftüchern geschmückt. An den Baumstämmen waren eine Vielzahl kleiner, bemalter Holztafeln und mehrere, zu Körpergliedern ausgeformte, dünne Blechschilder aufgehängt. Die meisten hatten die Form menschlicher Gliedmaße wie Arme, Beine mit ausgeprägten Knien, Augen, Geschlechtsteile oder Augenpaare. Diese Votiv- oder Weihegaben stammten von Pilgern mit körperlichen Gebrechen, die um Heilung oder Linderung ihrer Leiden baten. Durch das Auftreffen der Sonnenstrahlen wurden im Bachbett liegende, glitzernde Gegenstände reflektiert. Dort, wo die drei Quellen sich vereinigten, erkannte Pettia bronzene und silberne Arm- oder Beinringe, sowie Schmucknadeln, Fibeln genannt, im glitzernden Schein des dahinrauschenden Wassers. Dazwischen lagen viele Münzen am Grund des Bachbettes. Sie stellten Opfergaben für noch Unerfülltes beziehungsweise Dankesgaben für bereits erfüllte Wünsche dar. Entlang des gesamten Hanges standen die hölzernen Bildnisse von Göttern. Auch sie waren Opfergaben der Pilger an die Götter und bezeugten deren Besuch am Heiligtum. Mittlerweile hatte sich der Wald derart verdichtet, dass das Licht diffus scheinend nur noch schemenhaft die Umgebung erhellte.

Redios löste hier nun eine seiner beiden Fibeln, die seinen Umhang über der Schulter zusammenhielten. Er zeigte sie andächtig und mit vorgestreckten Händen zuerst in Richtung des linken der drei Quellläufe, dann zum mittleren und zuletzt zum rechten Quelllauf hin und ging dann mit gesenktem Haupt und langsamen, bedächtigen Schritten auf den Bachlauf zu. An dessen Rand murmelte er tief versunken und leise ein Gebet. Fast so, als hätte er Angst, die Stille und Düsternis des heiligen Ortes zu stören. Danach warf er seine Fibel in den Bach, sodass sie mit einem leisen Glucksen durch das klare Wasser hindurch zu den übrigen Schmuck- und Geldstücken auf den Grund hinabsank. Langsam erhob sich Redios, stellte sich mit ausgebreiteten und ausgestreckten Armen hin, hob den Kopf zum Himmel und sprach mit geschlossenen Augen ein weiteres lautloses Gebet, bevor er sich, aus seiner Andacht zurückkehrend, seiner Tochter zuwandte. Die hatte das ganze Ritual stillschweigend beobachtet und hoffte, dass Vaters Bitten von den Göttern mit Wohlwollen vernommen würden. Sie wusste, dass ihr Tatis die Götter um Handelsglück gebeten hatte. Redios nahm sie nun andächtig bei der Hand und gemeinsam schritten sie – noch immer schweigend – in Richtung der Quelle des mittleren Wasserlaufes. Nahe dessen Ursprungs, dort wo die Quelle des Baches aus einem Erdspalte an die Oberfläche sprudelte, erkannten sie einen kleinen hölzernen Tempel.

Mittlerweile hatte sich der Halbschatten aufgelöst und es gab wieder mehr Licht. Die letzten Meter mussten sie über Holzdielen und Trittsteine versumpftes Gelände überqueren. An dem kleinen, hölzernen Tempel angekommen, strömte ihnen aus der offenen Holztür ein schwerer Harzgeruch entgegen. Augenblicklich hatte Pettia das Gefühl, ihr Kopf wäre betäubt und die Ohren verstopft. Nachdem sie das Gebäude betreten und ihre Augen sich an die Dunkelheit gewöhnt hatten, erkannten sie im gelblichen Schein weniger Talglichter die Figuren eines Götterpaares. Die Schatten der Figuren tanzten im Schein der Talglichter einen rhythmischen Tanz. Mal schienen sie sich aufeinander zu, dann wieder voneinander weg zu bewegen. Bei einer der Figuren handelte es sich um eine Göttin in langem Gewand und mit erhobenen Händen. Die zweite, ebenfalls aus Holz geschnitzte Figur zeigte den Gott Janus. Dessen Kopf war mit zwei Gesichtern versehen, wobei eines der beiden mit starrem, etwas unheimlichem Blick die beiden Pilger fixierte. Fast schien es, als hätte der Blick des Gottes sich auf Pettia konzentriert, deren Sicht noch immer vom Rauch des Harzes und anderer Kräutern getrübt war. Das gegenüberliegende, zweite Gesicht des Janus, so schien es Pettia jedenfalls, schaute sie dagegen wohlwollend und freundlich an. Da! Hatte es ihr nicht für einen kurzen Moment zugelächelt? Der Gott konnte folglich nach rückwärts in die Vergangenheit als auch nach vorne in die Zukunft blicken. Janus galt als Gott allen Ursprungs, des Anfangs und des Endes. Als Ursprung allen irdischen Seins war er auch der Vater aller Dinge und somit auch dieser Quellen.

Ihm und der neben ihm auf einem Steinquader aufgestellten weiblichen Gottheit, die Pettia nicht kannte, schien hier eine große Verehrung zuteil zu werden. Denn mehrere, tischförmige Altäre, die seitlich im Halbdunkel standen, waren über und über mit geweihten Opfergaben bedeckt. Nachdem Redios und Pettia auch diesen Göttern gehuldigt hatten, nahmen beide je einen hölzernen Becher vom Rand eines Wasserbeckens, das inmitten des kleinen Raumes stand. Mit ihnen schöpften sie aus einem Quelltrog etwas frisches Wasser. Bedächtig wuschen sie sich zuerst damit ihre Gesichter, um dann langsam, Schluck für Schluck, das restliche Wasser des Bechers zu trinken. Mit nun wieder klaren Sinnen und derart erfrischt, traten sie aus dem Tempel ins Freie hinaus. Vor der Tür mussten sie erst noch etwas verweilen, um das erlebte Mythische des Ortes zu verarbeiten und die Realität wieder zu begreifen. Dabei beobachteten sie einen alten, bärtigen Mann in Begleitung von zwei Jünglingen. Aufgabe der drei war es, die Anlage zu pflegen, denn sie schnitten schweigend die umgebenden Sträucher und entfernten Unkräuter vom Wegesrand.

Pettia verließ zusammen mit ihrem Tatis den Tempel und gemeinsam kehrten sie zum Zusammenfluss der drei Bäche zurück. Von dort aus betraten sie einen Pfad, der sie hangaufwärts führte. Sie wollten nämlich noch zu den anderen Tempelgebäuden, die sie bei ihrer gestrigen Anreise von der Ferne aus gesehen hatten. Denn dort erst befand sich das eigentliche Zentrum des weitläufigen Tempelbezirks. Kaum losgegangen, hörten sie auch schon Schritte hinter sich. Zugleich vernahmen sie eine dunkle, männliche Stimme. Diese gehörte einem alten Mann mit langer grauer Kutte und ebensolchem Bart. Es war der Alte, welcher am Quelltempel zusammen mit den beiden Jungen die Anlage gewartet hatte. Seine Kleidung war im Gegensatz zu der von Redios sehr schlicht gehalten. Die fast weißen Haare und der ebenso weiße, zottelige Bart ließen Pettia sogleich an ihren Onkel in Divodurum denken, da er diesem Mann glich. Aber der Alte hier war in Wirklichkeit ein Druide. Während er sich ihnen ein Stück des gemeinsamen Weges anschloss, unterhielt er sich mit Redios über die schwierigen Zeiten und die Angst der Leute vor einem Krieg. Pettia fiel auf, dass er in einem Sack eine Menge seltsamer Kräuter mit sich trug. Der davon ausgehende Geruch erinnerte sie an die seltsamen Düfte unten im Bachgrund. Der Alte bemerkte ihren fragenden Blick und erklärte ihr, er brauche die Pflanzen, um für die kranken Pilger Heilmittel gegen deren Leiden herzustellen. Viele kämen hierher, um für

Linderung ihrer Leiden zu beten und um Medizin zu erwerben. Pettia erinnerte sich dabei an die Weihetäfelchen unten im Bachgrund. Die an den Hängen wachsenden Kräuter besäßen, genau wie das Quellwasser, Heilkräfte. Der Druide lächelte bedächtig, als Pettia von ihrer die Sinne raubenden Erfahrung mit dem Wasser und den Pflanzdüften, sowie den wilden Tänzen der Schatten erzählte. Schließlich wusste er nur zu gut um die geheimen Kräfte, welche in diesem Wald wirkten.

Als sie endlich eine Ansammlung mehrerer Gebäude erreicht hatten, trennten sich ihre Wege, denn der weise Mann eilte zu seiner Hütte, um dort die benötigten Heilmittel aus den gesammelten Kräutern herzustellen. Hier war nun auch eine Menge Leute zu sehen. Viele Pilger aller Altersstufen, einige davon sichtbar krank, gingen zu einem etwas größeren Holzgebäude, aus dem andere gerade heraustraten. Es war ein reges Kommen und Gehen. Dieses Haus war wohl die Heilstätte der Druiden. Andere Gebäude schienen hingegen die Funktion von Wohnhäusern zu haben. Pettia erkannte aber auch Herbergen und Handwerksstätten. Die Herbergen dienten der Aufnahme der Wallfahrer. Gehbehinderte schleppten sich mühsam an ihren Krücken voran, ebenso wie Leidende mit aller Art von Hautkrankheiten oder Wundverbänden zu den Tempeln oder Heilstätten gingen oder kamen. In den Handwerksstätten hingegen wurden Weihegaben für die Götter hergestellt. Die angereisten Pilger konnten diese als Opfer für die Götter erwerben und nutzen. Sie standen in vielen Formen und Größen, meist aus Ton, seltener aus Blech oder Bronze zum Verkauf. Pettia sah unter dem Dach einer Verkaufsbude eine Vielzahl an kleinen Bronzeplättchen mit menschlichen Körperteilen, wie sie auch unten im Bachgrund an den Bäumen als Opfergaben gehangen hatten. Die Kranken erhofften durch deren Kauf Segen und Heilung von ihren Leiden. Ihr Erlös kam dem Unterhalt der Anlage zugute. Obwohl sie noch gerne einen Blick in den Tempel geworfen hätte, ging sie mit ihrem Vater jedoch zurück zur Herberge, denn Redios wollte, von seinen geopferten Gaben und Gebeten bestärkt, noch am gleichen Tag einige mögliche Handelspartner aufsuchen.

Der Traum

Redios machte sich sofort und alleine auf den Weg, um, wie er sagte, Geschäfte auszuhandeln, während Pettia im Stall der Herberge die Ochsen versorgte und nach dem Rechten sah. Die Arbeit war schnell getan, sodass sie sich faul, aber ruhigen Gewissens auf ihr Strohlager legen konnte. Gemütlich kuschelte sie sich unter ihre warme Decke. Das Klirren der Ketten und die schnaubenden Geräusche der Ochsen taten ein Übriges, um sie rasch in einen Halbschlaf zu versetzen. Wahrscheinlich erging es ihr nicht anders als allen Jugendlichen in ihrem Alter. Faulenzen geht eben immer. Im Halbschlaf dachte sie nochmals an das Erlebte im heiligen Hain und an die Opferungen. Deutlich hatte sie die Nähe der Götter gespürt und eigentlich müssten die Geschäfte nun gut verlaufen, denn schließlich hatte ihr Vater seine schönste Fibel geopfert – jedenfalls war es für sie, Pettia, die Schönste gewesen. Es war keines der eisernen, unverzierten Schmuckstücke, wie auch sie gleich zwei an ihrem Umhang trug, sondern eine wertvollere aus Bronze und mit schönem, eingraviertem Dekor. Pettia hatte sie ihrem Vater noch kürzlich mit einem weichen Tuch aufpoliert, sodass sie wie pures Gold glänzte. „Hoffentlich sind die Götter uns wohl gesonnen“, dachte sie noch, als ihr auch schon die Augen zufielen.

Zunächst döste sie noch vor sich hin, um dann langsam in einen sanften Schlaf zu gleiten. Der wurde von regen Fantasien begleitet. Pettia hatte schon oft geträumt, doch nie war es so intensiv gewesen wie jetzt – und noch seltsamer: Sie war sich dessen bewusst, dass sie träumte! In dem nur langsam realer werdenden Traum blickte sie sich zunächst orientierend um. Zu ihrer Überraschung stellte sie fest, dass sie wieder am Quellheiligtum war, genauer an jener Stelle, an der ihr Vater die Fibel im Bachlauf geopfert hatte. Weiches Gras umschmeichelte ihre nackten Füße und das sanfte Gluckern des Baches erfüllte die Landschaft mit einem tiefen Frieden. Eine wärmende Sonne schien durch das Blätterdach des Waldes, das sich in gleichmäßigen Bewegungen durch den Wind angeregt hin und her bewegte. Nach und nach wechselte der Klang des fließenden Wassers. Es war nicht mehr das einzige Geräusch, das nun an Pettias Ohr drang. Ein leises Raunen, wie von weit entfernten Stimmen, durchzog die Luft. Dieses wurde mal lauter, mal leiser, ohne jedoch ganz zu verstummen. Neugierig geworden, versuchte sie die Richtung der Stimmen auszumachen. Leise stand sie auf und bewegte sich in die vermeintliche Richtung, um den Ursprung der Geräusche zu finden.

Vorsichtig schlich sie sich durch das Unterholz, immer bedacht die Stimmen nicht aus den Ohren zu verlieren. Da! Der schrille Schrei eines Eichelhähers ließ sie erschrocken innehalten. Wollte der Wächter des Waldes sie vor irgendetwas warnen? Und wenn ja, vor wem? Ein nahes Rascheln im Unterholz schreckte Pettia aus ihren Gedanken. Mit unsicherem Gefühl schaute sie sich um und erblickte im Laub der Bäume eine kleine, graubraune Maus. Das putzige Tierchen saß auf seinen Hinterbeinen und putzte mit den zarten Pfoten über seine Schnurrhaare. Als ob die Maus Pettias Blick bemerkt hätte, hielt diese inne und schaute das Menschenkind mit ihren runden Knopfaugen neugierig an. Dann piepste sie und huschte hinter den nächsten Busch. Pettia hatte Gefallen an dem kleinen

Tier gefunden und folgte ihm. Das Rascheln der kleinen Mäusefüßchen ging ihr voran.

Plötzlich verstummte das Geräusch und als die Träumende aufsah, war sie überrascht, sich auf einer Lichtung wiederzufinden. Jetzt vernahm sie auch wieder das Raunen, dessen Ursprung sie ja eigentlich hatte suchen wollen. Obendrein erkannte sie nun auch, woher es kam. Denn die von heiligen Misteln überladenen, alten und mächtigen Eichen- und Buchenbäumen umstandene Lichtung vor ihr war nicht leer. Pettia gegenüber, am anderen Ende einer kleinen Wiese, stand im hellen Sonnenlicht ein hölzerner Thron. Darauf saß ein prächtig gekleideter, älterer Mann. An seiner kostbaren Waffenausstattung erkannte sie, dass er wohl ein bedeutender Krieger, nein, eher schon ein Anführer oder Fürst sein musste. Seine Gewandung war aus den kostbarsten Stoffen gefertigt. Seine Hose, die Bracas, war in braun-schwarzem Karomuster kunstvoll gewebt. Sein reichhaltiger Schmuck funkelte prächtig in der warmen Nachmittagssonne. Um den Mann war eine kleine Menschenmenge versammelt. Immer wieder trat jemand aus der Gruppe nach vorne zum Thron, sprach mit dem Mann und ging anschließend zu den Wartenden zurück, die währenddessen, in sich versunken, leise Gebete vor sich hin sangen. Das rhythmische Auf und Ab ihrer Stimmen... genau das war das Raunen, das Pettias Neugier geweckt und sie hierhergeführt hatte.

Auf einmal änderte sich dieses Bild. Die Sonne verschwand, während rasch dunkle Wolken am Himmel aufzogen. Der Schrei des Eichelhähers setzte wieder ein und vermischte sich mit dem Brausen eines aufkommenden Windes. Pettia fröstelte es. Angestrengt blickte sie in das nun graue Zwielicht vor sich. Der Thron war noch da, die Menschengruppe stand nur mehr schemenhaft und schweigend im Schatten, aber der Mann auf dem Thron, wo war der? Statt seiner saß eine Gruppe fetter, schwarz gefiederter Krähen auf der Lehne des Stuhls. Gefährlich blickten sie mit ihren kalten Augen in die Runde. So als gelte es, den Thron verteidigen zu müssen. Da begriff Pettia: Der Mann war tot! Aufgebahrt lag er auf einer Trage vor seinem Thron im kalten Zwielicht. Sein Gesicht und Haare waren so grau wie das dumpfe, die Lichtung nun umgebende Licht. Schlaff und kraftlos ruhten die Arme neben seinem leblosen Körper. Sein leerer Blick verriet, dass der Geist den Körper bereits verlassen hatte und schon auf dem Weg in die Unterwelt war. Aus der wartenden

Menschengruppe waren nun Trauernde geworden. Auch sie waren jetzt in ein liebloses Grau getaucht. Schaurig anzuhören war ihr Heulen und Stöhnen, das die Luft geradezu unheimlich erfüllte. Vier Männer traten aus der Menge hervor. Gemeinsam hoben sie die Bahre an und trugen den Toten in einer unheimlichen Prozession von der Lichtung aus in den Wald hinein.

Donner grollte vom Wolken verhangenen Himmel. Ein Blitz zuckte quer darüber und tauchte die Lichtung für Sekunden in Tageshelle, bevor ein aus dem Nichts hämmernder Donner den ganzen Wald erschütterte. Der Moment reichte, um Pettia vollends zu Tode zu erschrecken. Zitternd sah sie ihren Vater für einen kurzen Moment, dafür aber umso deutlicher, neben dem nun leeren Thron stehen – Seine Hände und Gesicht waren von glänzendrotem, zähflüssigem Blut überzogen. Pettia war eiskalt. Ihr schwindelte. Dutzende Raben und Krähen flatterten schreiend über der Lichtung. Ihr Gekreische war ohrenbetäubend, dazu weitere grelle Blitze und Donnerschläge. Pettia verlor vollkommen die Orientierung, alles drehte sich. In einem einzigen Wirbel wurden die Bäume, der Thron, die Sträucher und das Blattwerk, kurz alles, was sich auf der Lichtung befand, um sie emporgewirbelt. Gerade so, als wäre Pettia das Zentrum dieses Sturms.

Ruckartig erwachte sie schweißgebadet aus dem Strudel von Lärm, Schrecken und Angst. Ihr Herz pochte wie wild. Sie war sich ihrer wahren Umgebung überdeutlich bewusst: die Laute und Gerüche der Tiere, das warme, aber auch stachelige Stroh, der bittere Geschmack in ihrem Mund. Pettia zitterte. Was sie da soeben erlebt hatte... ihr Vater – ein Mörder?! Nein, niemals! Es war doch nur ein Traum! Nach und nach kehrten ihre Sinne in die reale Welt zurück, ließen das Erträumte in den Hintergrund treten. Und doch spürte das Mädchen, dass mehr dahintersteckte. Der Ruf des Eichelhähers! Schon als sie das Dorf bei ihrer Ankunft sah, hatte sie ja den warnenden Schrei des Vogels vernommen. Konnte es sein, dass die Götter ihr diesen Traum geschickt hatten, weil sie die Warnung des Wachvogels ignoriert hatte? Pettia war den Tränen nah. Sie zitterte vor Aufregung. Was sollte sie bloß tun? Noch immer war es für sie unmöglich, das Geschehene zu glauben, doch die Wahrheit dieser Vision war schwer anzuzweifeln. Sollte sie ihrem Vater davon erzählen? Ihr Vater, der immer für sie da war, der ihr Schutz gab, der... nein, sie würde es ihm

nicht erzählen, wollte ihn nicht beunruhigen. Vielleicht sollte sie einen Druiden um Rat fragen. Aber der würde sie vielleicht nur als dummes Kind abtun, das schlecht geträumt hatte. Oder er würde ihr womöglich Glauben schenken und ihre eine grausige Enthüllung offenbaren! Staub rieselte von der Decke des Stalls und Pettia musste heftig niesen.

So endgültig wachgerüttelt aus ihren finsteren Gedanken, wurde sie sich auf einmal eines lauten Gejohles und Geschreis bewusst. Das kam eindeutig von draußen. Die Geräusche vertrieben den schlimmen Traum nach und nach und halfen ihr, ins Diesseits zurückzukehren...

Rettung aus Gefahr

Mit dem endgültigen Erwachen wuchs auch Pettias Neugier auf die Ursache der Geräusche. Sie stand auf, um aus der Scheune zu treten und nachzuschauen, was draußen vor sich ging. Unterhalb ihrer Unterkunft und der Herberge, die, wie hier üblich, in einer Art Fachwerk erbaut war, lag am Hang eine Pferdekoppel. Um diese waren eine Gruppe Männer, aber auch zahlreiche Kinder und Jugendliche versammelt. Sie schauten gemeinsam zwei muskulösen Kriegern zu, die dabei waren, mehrere junge Pferde zuzureiten. Gerade hatte wohl das eine Pferd seinen Reiter abgeworfen. Denn schlagartig erscholl wieder ein kräftiges Gelächter und Gejohle unter den begeisterten Beobachtern.

„Diesen Spaß kann ich mir nicht entgehen lassen“, dachte Pettia. „Die Ochsen sind versorgt und Vater ist noch unterwegs“. Sogleich lief sie raschen Schrittes zu der Koppel, um dem Spektakel ebenfalls beizuwohnen. Der von dem Pferd abgeworfene Krieger hatte sich dort mit hochrotem Kopf und unter dem Geschrei der Umstehenden wieder auf das wild um sich blickende und schnaubende Pferd geschwungen. Es war ein schwarzer Hengst mit blutunterlaufenen Augen und nass geschwitztem Fell. Vor Aufregung zitterten seine Nüstern.

Neben den umstehenden Männern befand sich auch eine große Schar Kinder am Gatter, das die Koppel umzäunte. Pettias Blick fiel auf den Sohn ihres Herbergsvaters. Sie hatte ihn schon am vorigen Abend mehrmals gesehen, als er seinem Vater beim Bedienen der Gäste geholfen hatte. Seine roten Haare ließen ihn aus der Menge der anderen Jugendlichen hervorstechen. Er mochte etwa so alt sein wie sie, war aber einen halben Kopf größer gewachsen. Er war von schmaler Gestalt, aber sein kräftiger Körperbau zeigte ihr, dass er körperliche Arbeit gewohnt war. Sie stellte sich neben ihn an das Holzgatter und sah dem Treiben zu. Natürlich war es eine Ehrensache für den Reiter, nicht klein beizugeben, um dem Pferd und besonders den Leuten zu zeigen, wer hier der Herr war. Nicht das Pferd, sondern er musste als Sieger aus diesem Wettkampf hervorgehen. Das Tier aber war ziemlich bockig. Munter sprang es in der Koppel hin und her, sodass der junge Mann erstmal ordentlich Probleme hatte, den Rücken des Pferdes überhaupt wieder zu besteigen.

Eine Unaufmerksamkeit des braunen Rappens nutzend, spurtete er von hinten mit einem mächtigen Satz auf den Rücken des Pferdes. Was übrigens nicht so außergewöhnlich war, waren die Höhen der damaligen Pferderücken doch ungleich niedriger als die unserer heutigen, hochgewachsenen Pferderassen. Dennoch hatte der Reiter Mühe, sich auf dem Rücken des wild umherspringenden Pferdes zu halten und nicht gleich wieder herabzustürzen. Schon hatte er seine lederne Kappe verloren, die in hohem Bogen inmitten einer schlammigen Pfütze landete. Aber er selbst war viel zu konzentriert, als dass er dies bemerkt hätte. Ohne Sattel, nur mit einem Strick um den Hals des Pferdes, erforderte es viel Geschick, ein wildes Pferd zuzureiten. Pettia hatte schon von ihrem Vater gehört, dass der hiesige Stamm der Treverer berühmt für seine Pferde und seine Reitertruppen wäre. Die treverische Kavallerie solle den Römern während der letzten Kriegsjahren viel Verdruss bereitet haben. Auch waren die Pferde für ihre Robustheit und Ausdauer weit über die Belgica hinaus bekannt. Deshalb waren sie auch unter den Nachbarstämmen begehrt und für die Treverer somit ein wertvolles Handelsgut.

Man sah dem Reiter seinen energischen Willen förmlich an. Er bemühte sich mit allen Kräften, das Pferd zu bezwingen. Mehrmals schien er vom Rücken des Tieres zu fliegen, aber er hielt sich geschickt auf dem Pferderücken. Eine Hand war im Zügel des Pferdes eisern verkrampft, die freie Hand und der Arm dienten ihm als Ausgleich, um so das Gleichgewicht zu halten. Die Zuschauer johlten bei jedem Abwurfversuch des Pferdes, applaudierten andererseits anerkennend, wenn der Reiter sich wieder erfolgreich einem solchen Versuch erwehrt hatte. Niemals würde es sein Stolz zulassen, dass er nachgab, auch wenn er nochmals abgeworfen würde. Das Pferd durfte nicht als Sieger aus dem Kampf gehen! So viel der Hengst sich auch bemühte – und das tat er mit aller Energie, er musste unterliegen. Mittlerweile hatte er dicken, weißen Schaum vorm Maul, der ihm in Flocken aus den Mundwinkeln hing. Aber der Reiter ließ sich nun nicht mehr abwerfen. Er merkte sicherlich, dass dem Pferd nun so langsam die Kraft ausging.

Unter lautem Beifall der Umstehenden ergab sich das Pferd nach weiteren Minuten des Kampfes erschöpft dem Willen seines Bezwingers. Als es endlich wild schnaufend stehen blieb, wurde der ebenfalls erschöpfte Reiter, Romarus hieß er, von seinen Kameraden mit Schulterklopfen und anerkennenden Rufen beglückwünscht. Auch die anderen umstehenden Zuschauer klatschten und johlten. Romarus glaubte sich als sicherer Sieger, als das Pferd, durch seine Unaufmerksamkeit veranlasst, einen letzten Versuch machte, seinen Bezwinger doch noch abzuschütteln. Es sprang auf seine Vorderhufe, machte einen Katzenbuckel, um dann mit aller Gewalt und wild wiehernd mit seinen Hinterbeinen auszutreten. Pettia sah noch die todbringenden Hinterhufe des Pferdes genau auf sich zukommen, als sie jemand im allerletzten Moment am Kragen packte und zur Seite schleuderte. Schon krachten die Stämme des Gatters, als sie vom wuchtigen Aufprall der Pferdehufe getroffen wurden. Alle Umstehenden, Kinder und Erwachsene, schrien im gleichen Augenblick vor Schrecken und Angst.

Pettia versuchte, nachdem sie unsanft auf dem Boden gelandet war, einen klaren Gedanken zu fassen. Da schrie der Junge mit den roten Haaren sie nervös an: „Pass doch auf! Wenn ich dich nicht gepackt und weggezogen hätte, wäre es dir verdammt schlecht ergangen! Bei den Göttern...!“

Tatsächlich, Pettia war außer einem heftigen Schrecken, der ihr Tränen der Angst in die Augen trieb, nichts passiert. Die umstehenden Kinder sahen mitleidig nach ihr und trösteten sie, bis der Schrecken nachließ. Beschämt sah sie zu Boden, denn sie fühlte sich klein und dumm gegenüber den anderen Jugendlichen. Mehr vor Scham als aus Angst begann sie erst zu zittern, dann leise zu weinen. Die Jungen und Mädchen waren durch den Vorfall ebenso aufgeregt wie sie. Einer der Jungs erzählte, dass seine kleine Schwester vor zwei Sommern bei einem ähnlichen Vorfall zu Tode getrampelt worden war. Sie sei beim Spielen einem Pferd zu nahegekommen, das durch den Stich einer Wildbiene plötzlich aufgeschreckt war. Das Tier hatte das Mädchen zu Boden geworfen. Durch mehrere Huftritte sei es dann so schwer am Oberkörper getroffen worden, dass selbst eine berühmte Kräuterfrau und die Druiden aus dem Tempel keine Hilfe mehr hätten leisten können. Dies ließ Pettia ihre Scham vergessen. Denn eigentlich, so dachte sie sich, sollte sie froh sein, so viel Glück gehabt zu haben.

Einige der Jugendlichen fragten noch, ob alles in Ordnung mit ihr wäre, worauf sie, unsicher unter sich blickend, nur mit dem Kopf nickte. Pettia klopfte sich erst einmal umständlich den Schmutz aus ihrer Kleidung. Da das Einreiten der Pferde für heute beendet war, erhob sie sich beschwerlich, um zurück zur Herberge zu gehen. Zwar schmerzten ihr der Po und der linke Arm, aber das würde schon bald wieder vergessen sein. Vielleicht war ja ihr Vater schon zurück und wartete auf sie?! Bei ihm würde sie gewiss Trost finden. Denn so erwachsen sie sich meistens auch fühlte, war es schön zu wissen, dass man bei ihm Schutz und Geborgenheit finden konnte, wenn man es brauchte.

Ihr Vater war jedoch noch nicht zurück. Also sah sie erst nach ihren Blessuren. Das würde ein paar schöne blaue Flecken geben. Dann sah sie nochmals nach den Ochsen und fütterte sie mit etwas Heu. Während sie zum Brunnen ging, um ihnen Wasser zu holen, erblickte sie den Jungen mit den roten Haaren wieder. Er war gerade dabei, zwei Eimer mit Wasser zu füllen. Pettia wurde plötzlich bewusst, dass sie sich noch in keiner Weise bei ihrem Retter bedankt hatte. Also ging sie geradewegs zu ihm und fragte: „Darf ich dir helfen?“

Er sah sie zuerst mit einem fragenden Blick an, meinte dann aber lächelnd: „Ja, gerne! Wie geht es dir? Bei Belenos, dem Gott des Heils, das war ganz schön knapp vorhin.“

Pettia antwortete: „Ja, es geht so, blaue Flecken habe ich schon, aber ich denke, es ist nichts gebrochen. Aber ich möchte dir noch für meine Rettung danken. Wenn du nicht gewesen wärst..."

„Schon gut", entgegnete der Junge schnell. „Sag mir lieber, wie du heißt, ich hab dich doch schon in unserer Schenke gesehen."

„Ich bin Pettia, Tochter des Redios aus Divodurum. Wir haben unser Lager bei euch aufgeschlagen. Und wie heißt du?"

„Ich werde Vectimarus gerufen", sagte der zu ihr. „Greif mal zu, wenn es geht. Oder hast du Schmerzen?", meinte er und hielt ihr einen seiner beiden Wassereimer hin.

Pettia wollte sich aber keine neue Blöße geben, ergriff daher den ihr hingehaltenen Eimer.

Gemeinsam schleppten sie die beiden gefüllten Wassereimer zur Küche. „Dein Vater ist der Herbergsbesitzer, Vectimarus?", meinte Pettia keuchend.

„Ja, und deiner ist wohl einer der Händler?"

Pettia erzählte ihm, dass sie aus Divodurum stammten und dass ihr Vater hier vor Ort Handel treiben wolle.

„Das dürfte schwierig werden", entgegnete Vectimarus ihr. „Momentan spricht hier alles vom Krieg und keiner hat Gedanken mehr für etwas Anderes. Mein Vater meint, es könnten schon bald schwierige Zeiten auf uns zukommen. Doch wir glauben, dass es unserem Fürsten Indutiomarus gelingen wird, die keltischen Stämme gegen die Römer zu vereinen. Wenn es ihm nur gelänge, auch seinen Schwiegersohn Cingetorix davon zu überzeugen. Der ist nämlich ein schlauer Fuchs und weiß es stets, sich bei denen anzubiedern, wo er seinen größten Vorteil wittert. Deshalb paktiert er lieber mit den Römern. Was aus uns Kelten wird, ist ihm dabei vollkommen egal. Er wohnt auf einer Festung im Nordwesten unseres Stammesgebietes, drei Tagesritte von hier entfernt. Aber momentan weilt er hier auf der Burg, weil ein großes Stammestreffen, ein Thing, angesagt ist. Da soll darüber verhandelt werden, wie wir den unverschämten Römern entgegentreten."

Leckereien

Pettia dachte mit unwohlem Gefühl: „Schon wieder redet einer vom Krieg." Denn bei dem Thema war ihr nicht ganz wohl. Einerseits schätzte sie die Freiheit ihres Volkes und war stolz auf ihre keltische Herkunft. Andererseits wäre es ihr wichtiger, die Menschen, egal ob Kelten, Römer oder Germanen, würden sich untereinander verstehen und in Frieden miteinander leben. Bei den Reisen mit ihrem Vater hatte sie schon viele verschiedene Gegenden mit Menschen unterschiedlichster Herkunft kennen gelernt und erkannt, dass sich alle die gleichen Hoffnungen und Ängste teilen. Ein bisschen mehr Verständnis für den Anderen zeigen, zuhören und teilen war eigentlich immer sinnvoller als Neid, Missgunst und Hass. Aber letzteres war genau das, was die meisten Menschen auslebten. Nur zu gerne fielen sie auf die leeren Versprechungen größenwahnsinniger Despoten herein. Deshalb gab es auch immer wieder neues Elend in der Welt. Warum kann man also nicht einfach friedlich miteinander leben, wenn alles andere doch stets im Unglück endet.

Vectimarus schien aus dem Schweigen ihre Gedanken genau abzulesen. Er schien zu wissen, was sie fühlte. Denn wie um sie davon abzulenken, sagte er: „Lass uns rüber zum Backofen gehen, meine Mutter backt gerade Honigkringel. Vielleicht kriegen wir ja was davon ab!"

Dabei drehte er sich um und lief laut lachend in Richtung des kleinen Backhäuschens. Dies war genau genommen nur ein einfacher Holzschuppen, der an die hintere Seite der Herberge angebaut war. Darin befand sich ein aus Lehm erbauter Kuppelofen. Neben dem offenen Verschlag lag ein großer Haufen mit trockenen Brennholzscheiten. Außerdem stand da ein grober, hölzerner Tisch mit zwei Körben. Der eine enthielt zu Kringeln geformte Teigröllchen von der Größe eines Handtellers. Der andere war bereits entleert. Davor hockte eine Frau, die den Inhalt des leeren, aus Weidenruten geflochtenen Korbes genau beobachtete. Denn der lag bereits im heißen Ofen. Zwar war die Ofenöffnung zum Schutz vor zu schnellem Auskühlen mit einem großen Stein verschlossen. Aber aus dem Abzug des Ofens kräuselte heißer Rauch, der nur zu verführerisch duftete. Die Frau blickte gerade in den Ofen hinein, um den Backgrad der Kringli zu kontrollieren. Schließlich sollten die zwar gut durchgebacken sein, aber sie durften auch nicht verbrennen. Dann verschloss sie die Öffnung wieder. Als die Frau die beiden bemerkte, machte Vectimarus sie mit Pettia bekannt, denn es war seine Mutter, die da hockte.

„Mutter, das ist Pettia aus Divodurum. Sie und ihr Vater sind unsere Gäste. Sie schlafen draußen im Ochsenstall."

„Ja, ja, ich weiß", sagte Vectimarus Mutter, „ich habe die beiden gestern Abend beim Essen in der Schankstube gesehen." Sie lächelte Pettia unter ihrem Kopftuch heraus mit sanftem Blick an. Dann bückte sie sich nochmals, um den Verschlussstein beiseite zu rücken. Mit einem hölzernen Brett begann sie das nun fertige Gebäck aus dem Ofen zu fischen.

„Reichst du mir mal den leeren Korb?", bat sie Vectimarus.

Der reichte ihr einen schön geflochtenen Strohkorb. Seine Mutter begann nun die herrlich duftenden, heißen Kringel in diesen einzufüllen.

„Riecht gut, was?", sagte sie fragend zu Pettia, als sie deren Verlangen nach den Teilchen bemerkte.

„Da ist nicht nur Getreide drin, sondern auch viele frische Eier, Gewürze und vor allem sehr viel leckerer Waldhonig. Der schmeckt hier bei uns in den Bergen besonders gut. Ich werde die Kringel morgen in unserer Schenke den Gästen verkaufen“, meinte sie.

Es waren mindestens zwanzig Stück in dem Korb. Sie erfüllten den kleinen Verschlag mit einem Duft, der Pettia und Vectimarus immer mehr das Wasser im Munde zusammentrieb. „Mmmmh, wie lecker riecht das denn“, dachte Pettia schweigend und erinnerte sich sofort an ähnliches Gebäck, das ihre Mutter einst zu Lugnasadh, dem Erntefest, immer gebacken hatte. Damals hatte sie aus dem frisch geernteten und gemahlenen Korn unter Zugabe von speziellen Kräutern ebenfalls ein Gebäck gebacken, dessen köstlicher Geruch ähnlich dem von Vectimarus Mutter gefertigten Gebäck. Diese bestückte zunächst den noch heißen Ofen mit einer zweiten Ladung Kringli aus dem noch vollen zweiten Korb. Denn noch war der Ofen heiß genug für einen zweiten Backvorgang. Schnell rückte sie den Verschlussstein mithilfe eines Stockes vor die Öffnung zurück, denn der Stein war natürlich noch äußerst heiß und auch Pettia wusste, wie schnell man sich in einem unbedachten Moment die Finger verbrennen konnte.

Mit einem fragenden Blick schaute sie nun die beiden Kinder an und begann zu schmunzeln, so als ahne sie, was in den beiden vorging. Schweigend betrachtete sie zuerst ihren Sohn, dann schaute sie zu Pettia. Ihre Augen lachten. Man sah deren Gesichter regelrecht das Verlangen an.

„Na, ihr seht mal verhungert aus. Nun nehmt euch schon jeder einen Kringel“, sagte sie grinsend. „Es bleiben ja noch genügend andere zum Verkauf übrig! Aber seid vorsichtig, die sind noch sehr heiß!“

Strahlend langten beide in den Korb, um sich je einen der knusprigen, herrlich duftenden Kringel herauszufischen. Die waren tatsächlich noch ziemlich heiß, aber das war Nebensache. Vectimarus schwang den Kringel von einer Hand in die andere und blies dabei mächtig auf den heißen Kringel, um ihn rasch abzukühlen, während Pettia ihren in eine Falte ihres Gewandes bugsierte und ihn so dort festhielt. Beide bedankten sich überschwänglich. Immerhin, es war nicht üblich, dass man solche Köstlichkeiten einfach mal so geschenkt bekam.

„Vectimarus, hast du mir das Wasser vom Brunnen geholt, wie ich es dir aufgetragen habe?“

„Ja, Mutter, und Pettia hat mir dabei geholfen.“

„Gut, dann kannst du jetzt gehen. Wir brauchen dich erst wieder, wenn die Herbergsgäste zum abendlichen Essen kommen.“

Beide gingen durch den Hof, um sich unter ein Dach zu setzen. Unter diesem war Heu für das Vieh eingelagert. Von hier konnten sie dem Treiben der Gäste auf dem Hof und den Reisenden auf der dahinter vorbeiführenden Straße gleichzeitig zusehen. Außerdem saß man warm und bequem. Hier ließ sich die geschenkte Kostbarkeit gemütlich verspeisen. Während Vectimarus seinen Kringel hastig und voller Heißhunger regelrecht hinunterschlang, ließ sich Pettia viel Zeit dabei. Sie wollte möglichst lange den Geschmack auskosten. Die Kringli waren etwas hart, aber noch warm und durch den vielen Honig waren sie lecker süß geraten. Sie konnte sich kaum erinnern, so was Gutes schon einmal gegessen zu haben. Der süße Geschmack in ihrem Mund, dazu der betörende Duft des frischen Gebäcks – sie konnte kaum an sich halten, wollte ihn sofort restlos aufessen, andererseits aber den Geschmack auch so lange wie möglich genießen – „Mmmmh, welch ein Genuss!“ Normalerweise bestand die Nahrung, die sie und ihr Vater aßen, hauptsächlich aus Getreidebrei, etwas Gemüse und Obst, sowie Brot. Gemüse, Obst und auch Beeren würden im Winter wieder seltener, denn dann gab es kaum noch etwas aus der Natur zu holen. Und wenn der Winter sich seinem Ende zuneigte, würde das Essen noch karger werden. Dann sehnte man sich erst nach frischen Waren aus der Natur! Die eingelagerten Äpfel schmeckten mehlig und das Gemüse aus dem Vorratsraum war teils verfault und roch unappetitlich. Fleisch? Tja, das war viel zu teuer, als dass es oft auf dem Speiseplan zu finden wäre. Pettia und ihr Tatis hatten durch ihre Handelstätigkeit immer genügend Salz aus Vic und getrocknete Kräuter dabei, um den dann täglichen Brei wenigstens schmackhaft würzen zu können.

Zuletzt lagen die beiden faulenzend auf dem Heu und sahen zufrieden der sinkenden Sonne entgegen. Die roten Haare des Jungen leuchteten darin wie schimmernde Bronze.

„Vectimarus ist eigentlich ein ganz netter Junge“, dachte Pettia. „Und dass er mich gerettet hat, vergesse ich ihm nie!“

Eine Weile unterhielten sie sich noch über ihre Familien, zuletzt über die große mächtige Burg auf dem naheliegenden Berg. Mittlerweile war es für ihren neuen Freund aber schon wieder Zeit zu gehen, denn er musste ja nun in der Küche helfen. Mit seinen 13 Jahren war Vectimarus als jüngster Sohn das einzige Kind seiner Eltern, das noch zu Hause wohnte. Seine drei älteren Schwestern waren alle verheiratet. Sein älterer Bruder war als Schmied und Wanderhandwerker derzeit im nördlichen Stammesgebiet mit seinem Lehrmeister zusammen auf Reisen. Dort arbeiteten sie vor Ort und schmiedeten den Wünschen der Leute entsprechend alles, nach dem diese verlangten. Folglich musste er den Eltern in der Herberge aushelfen. Nach den Vorstellungen seines Vaters sollte er die Schenke auch einmal weiterführen. Dann, wenn seine Eltern zu alt wären.

„Morgen früh muss ich zu meinem Onkel Siretos. Der arbeitet als Aufseher oben an der Erzgrube, die am Weg zur Burg liegt. Ich soll ihm einen Korb mit Obst vorbeibringen. Kommst du mit und hilfst mir?“, fragte Vectimarus. „Ich muss danach auch noch zur Burg, um dem Schmiedemeister eine Sichel zur Reparatur zu bringen. Dann könnte ich dir auch mal die Festung zeigen!“

„Ich würde dich gerne begleiten“, sagte Pettia, „aber erst muss ich meinen Tatis fragen, ob er nicht meine Hilfe benötigt.“

Pettias Vater Redios kam erst spät vom Burgberg zurück, gerade als die untergehende Sonne ihre letzten Strahlen über die Hügel im Westen sandte. Schließlich versank sie glutrot, um in die Unterwelt einzutauchen und dort den Verstorbenen und den Göttern zu leuchten.

Ihr Vater sah sehr müde aus. Zugleich wirkte er niedergeschlagen. Im Schein des entzündeten Feuers erzählte er Pettia von seinem erfolglosen Handel mit einigen Handwerkern, die innerhalb der Burg ihre Werkstätten hatten. Keiner von ihnen hatte großes Interesse an seinen Waren gezeigt. Vielmehr wollten sie von ihm wissen, wie die Adeligen der Mediomatriker zu den neuesten Geschehnissen standen. Waren sie für oder gegen die Einigungsversuche des Trevererfürsten? Würden sie mit den Treverern unter Indutiomarus gegen die Römer ziehen? Oder würden sie etwa die Partei von dessen Schwiegersohn, dem Fürsten Cingetorix, einnehmen? Bei der Erwähnung von Cingetorix hätten einige der Männer nur verächtlich ausgespuckt. Sie verachteten ihn dafür, dass er sich für Geld von den Römern kaufen ließ. Angeblich wäre ihm sein eigener Vorteil lieber als die Freiheit seines Volkes. Redios, der ja nur ein einfacher Händler war, wusste wenig darauf zu antworten. Zumal er ja seit Wochen von zu Hause weg war. Was sollte man als gewöhnlicher Mann auch schon sagen? Die Adelsfamilien und ihre Krieger hatten letztendlich das Sagen. Auch wenn auf der Stammesversammlung alle freien Männer ihre Meinung kundtun durften und schwerwiegende, den ganzen Stamm betreffende Entscheidungen demokratisch entschieden wurden. Er und seinesgleichen waren allesamt kleine Leute. Gerade in Kriegszeiten hatten die Krieger die Entscheidungsgewalt und man hatte sich deren Willen zu beugen. So war es doch schon immer gewesen, meinte er. Und so würde es in ferner Zukunft wohl auch noch sein.

Damit beendete er traurigen Blickes das Gespräch und legte sich hin, um zu schlafen. Auch Pettia kauerte sich auf ihr Lager und zog Mutters Decke, welches ihr als Kälteschutz diente, bis zu den Ohren hoch. Die Worte ihres Vaters verängstigten sie. Als dieser bemerkte, dass sie nun ebenfalls besorgt war und nicht schlafen konnte, drehte er sich zu ihr, zog sie näher an sich heran, nahm sie fest in seine starken Arme und flüsterte ihr ins Ohr: „Nichts ist so schlimm, wie es sich anhört, denn so lange wir beide fest zusammenhalten, kann uns Nichts auf dieser Welt etwas anhaben."

Dabei streichelte er zärtlich Pettias Haare. In ihres Vaters Obhut fühlte sie sich stets geborgen. Seine warmen, großen Hände wirkten beruhigend auf sie und endlich verschwanden die trüben Gedanken und sie fiel in einen tiefen, diesmal traumlosen Schlaf.

Bei den Erzgräbern

Noch am frühen Morgen des folgenden Tages wurde Pettia sanft von ihrem Vater geweckt. Aber sie fühlte sich immer noch betrübt. Wahrscheinlich hatte sie einfach nur schlecht geschlafen. Dann fiel ihr wieder ein, dass sie einen Traum hatte. Sie wusste nur nicht mehr, was sie geträumt hatte. Nach und nach konnte sie sich dumpf erinnern, dass der Traum voller Angst, Leid und Ungewissheit gewesen sein musste. Er schien sich aber in dem diesigen Morgen fortzusetzen. Denn der Himmel war genauso trüb wie ihre Gedanken, mit Wolken verhangen und grau. Ob es heute überhaupt richtig hell werden würde? Es sah nicht so aus, als ob sich die Sonne noch zeigen würde. Zudem war es kalt und ungemütlich feucht geworden. Ein scharfer Wind jagte die grauen Wolkenberge in rascher, endloser Zahl den Himmel entlang. Sie hielten die Spitze des Burgberges hinter einem dichten und grauen Schleier fest umschlossen. Nach einem Frühstück aus einem heißen Kräutertee, etwas Brot und Ziegenkäse sah Pettia endlich Vectimarus wieder. Er schleppte gerade einen Holzeimer aus einem Lagerhäuschen Richtung Schänke. Der Eimer war voller rotbackiger Äpfel.

Fröhlich rief er ihr ein „Guten Morgen“ zu, als er sie erblickte.

„Guten Morgen“, antwortete ihm Pettia mit gedrückter Stimme.

Der junge Mann vernahm aus ihrem verhaltenen Gruß sogleich, dass sie in keiner guten Stimmung war. Schweigend blickte er sie an, schien etwas zu überlegen. Dann nahm er nacheinander vier Äpfel aus dem Eimer heraus. Wortlos stellte er sich vor sie hin und begann den ersten Apfel mit der rechten Hand in einem Bogen durch die Luft zu werfen, fing ihn mit seiner Linken auf und warf ihn von dort wieder im Bogen durch die Luft in seine Linke zurück. Dann nahm er einen zweiten und auch noch einen dritten Apfel hinzu und jonglierte geschickt mit allen dreien. Er warf die Äpfel mal höher, mal flacher durch die Luft. Zuletzt nahm er noch den vierten Apfel hinzu und versuchte, – unter gleichzeitigem Grimassenschneiden – mit allen Vieren zu jonglieren. Als er nun auch noch mit den Augen zu schielen begann, plumpsten alle Äpfel auf den Boden und Pettias Traurigkeit war schlagartig vergessen. Lauthals prusteten sie beide los, lachten und scherzten, bis sie sich die Bäuche hielten. Einige Erwachsene blickten sie komisch an und liefen kopfschüttelnd an ihnen vorbei. Als Vectimarus ihr verstohlen zuzwinkerte, hatte sie das bestimmte Gefühl, dass er dies nur getan hatte, um sie aufzuheitern. „Ja, er ist ein echter Freund", dachte sie für sich.

Plötzlich fiel ihr ein, dass sie mit ihm heute auf die Burg wollte und dass sie ihren Vater noch gar nicht um Erlaubnis gefragt hatte. Rasch lief sie in den Stall zurück, um ihn zu fragen. Redios hatte nichts dagegen, wenn sie erst noch das Vieh versorgte. Er selbst wollte nämlich gleich aufbrechen und nochmals versuchen, seine Waren, die sich immer noch auf ihrem Wagen stapelten, zu verkaufen. Pettia kümmerte sich folgsam um die Ochsen, die waren jedoch schnell mit Futter und Wasser versorgt und so richtete sie auch noch ihr Schlaflager her. Nun konnte sie sich auch schon mit Vectimarus auf den Weg zu dessen Onkel machen. Beladen mit einem Proviantkorb für den Onkel und einem Päckchen für den Burgschmied folgten sie dem Weg, welcher unterhalb des Burgberges nach Nordwesten erst über einige schroffe Anhöhen hinab zu dem großen Fluss im Herzen des Trevererlandes führte, wie Vectimarus ihr sagte.

Von der Burg selbst konnte man von hier unten ab und zu einen Blick erhaschen, denn der steile Burgberg war weitestgehend entwaldet. So konnte seine Besatzung das Gelände ringsum lückenlos überwachen und kontrollieren. Vorbeiziehende Händler hatten an einer Zollstation hier im Tal einen geringen Betrag zu entrichten, bevor sie weiterreisen durften. Jeder Besucher konnte vom Berg aus – ob er wollte oder nicht – schon von weit her erkannt werden. Auch konnte sich keiner unbemerkt an die Burg annähern. Hierfür sorgten eine Reihe von Wachttürmen, die auf dem Berg und an den Hängen entlang postiert waren. Andererseits konnte jeder Ankömmling schon von Weitem die mächtige Burg sehen, die majestätisch auf dem Berg thronte. Pettia hatte sie ja zuvor auch schon beim Überschreiten des letzten Höhenrückens als mächtige Burg erkannt und sich gefragt, wer wohl der Burgherr sein mochte. Jedenfalls bedurfte es vieler, vieler Arbeiter, um solch ein Bauwerk zu errichten. Und natürlich auch viel Geld, um all das bezahlen zu können. Vielleicht war

der Burgberg ja deshalb so stark entwaldet, weil man all das Holz der Bäume für die Burgmauern benötigte, dachte sie, als sie plötzlich ein Rascheln im Laub des Wegesrandes bemerkte. Dort scharrten einige große, pechschwarze Krähen und Raben im Laub nach Würmern und Insekten. Pettia verabscheute diese Vögel, waren sie doch als Vorboten von Unglücken, Wetterkatastrophen, Krieg oder Tod geächtet und gefürchtet. Ihre Gefieder glänzten tiefschwarz, so als hätten die Götter der Unterwelt sie absichtlich gefärbt, damit sie sich in der Dunkelheit unbemerkt an ihre Opfer anschleichen und sie mit dem Gift der Verdammnis infizieren konnten. Deshalb hob sie einen Stein auf und warf diesen nach dem Baum, auf dessen Spitze einige der schwarzen Teufel saßen. Hiervon erschrocken erhoben die Vögel sich verächtlich krächzend und mit einem wütenden „Kra-Kra" in die Luft, um davon zu fliegen.

„Lass das!", sagte Vectimarus erschrocken, „Das bringt Unglück!" Rasch kreuzte er Zeige- und Mittelfinger der linken Hand, um vermeintliches Unglück abzuwehren.

Pettia schämte sich sofort für ihre Dummheit. Daran hatte sie in dem Moment nicht gedacht. Schließlich konnte man nie wissen, was die Vögel in den Weiten der Luft den Göttern zutrugen. Sogleich beschloss sie, bei nächstbester Gelegenheit ein Opfer für die Götter darzubringen. Schweigend beschleunigten beide ihre Schritte, um von dieser unglückseligen Stelle wegzukommen. Nach der nächsten Biegung kamen sie bereits an eine Wegegabelung, deren rechter Verlauf zur Festung führte, während der Linke weiter in Richtung der Erzlöcher verlief, ihrem ersten Ziel. Dass diese nicht mehr weit entfernt sein konnten, davon zeugten die nun im-

mer deutlicher werdenden Klopf- und Schürfgeräusche. Sie waren ein unverkennbares Indiz dafür, dass sie nun in unmittelbarer Nähe der Erzgruben sein mussten.

„Komm hier entlang“, sagte Vectimarus und nahm Pettia bei der Hand. Er führte sie an einigen bereits wieder von Sträuchern zugewucherten, wohl ehemaligen Pingen oder Abbaustellen vorbei, als sich plötzlich und unmittelbar vor ihnen ein gigantisches Schürfloch auftat. Noch nie hatte Pettia eine solch große, von Menschenhand geschaffene Grube gesehen. In dieses Loch könnte man locker ein komplettes Gehöft mit all seinen Wohnhäusern, Stallungen und Speicherhäusern hineinstellen, ohne dass auch nur ein Zipfel davon nach oben herausgeschaut hätte. Allein in diesem Loch arbeiteten an die dreißig Leute geschäftig daran, das in der Erde enthaltene Eisenerz auszugraben. Hierzu gruben einige mit hölzernen Grabstöcken, nachdem andere zuvor mit Hammer und Brecheisen den Boden gelockert hatten.

Vectimarus bemerkte Pettias Interesse und sagte: „Schau, die da hinten!“ Er zeigte auf eine Reihe von Arbeitern, die paarweise je eine hölzerne Trage mit abgegrabener Erde trugen.

„Die transportieren den unbrauchbaren Abraum zum hinteren Ende des Schürfloches und verfüllen dort das Loch gleich wieder. So wühlen sich die Arbeiter seit Generationen durch die Erde, um die uns von den Göttern geschenkten Erze hervorzuholen. Wie ein Wurm fressen sie sich vorne in die Erde, um sie hinten wieder auszuscheiden. Mein Onkel arbeitet hier als Aufseher. Er überwacht die Aussortierung der wertvollen Erzknollen und deren Weiterverarbeitung. Komm, da hinten sehe ich ihn.“

Er nahm sie wieder bei der Hand und zog sie mit sich, geradewegs über einen schmalen Pfad in das mehrere Meter tiefe Loch hinein. Die lehmige Erde war seltsam blaugrau gefärbt. Pettia musste aufpassen, denn sie war zudem sehr glitschig. Da sie nun den Arbeitern schon wesentlich näher waren, konnte sie erkennen, wie müde diese aussahen. Die Arbeit musste wohl äußerst anstrengend sein. Viele von ihnen trugen abgeschabte Kleider, oft nur notdürftig mit Flickstücken versehen. Einige hatten Verletzungen am Körper, die wohl von Arbeitsunfällen stammten. Unter ihnen waren auch einige schwarzhaarige Männer mit dunkelbrauner Hautfarbe. „Ganz anders als die Farbe von uns Galliern", dachte Pettia.

„Das sind Sklaven aus dem Süden", sagte Vectimarus, der ihren Blick bemerkt hatte. „Alles Kriegsgefangene der Kämpfe mit den Römern vom letzten Jahr. Teils sind es ehemalige Angehörige der römischen Hilfstruppen wie Germanen, teils sind es auch richtige Römer, die unsere Krieger als Gefangene aus den Kämpfen im Gebiet der Belger hierher mitbrachten. Also mit Römern meine ich die Gefangenen, die aus der Hauptstadt Rom stammen. Die meisten „Römer" leben ja nicht in Rom selbst, sondern irgendwo innerhalb des römischen Reiches. Die Römer erkennst du an ihrer dunklen Hautfarbe und den schwarzen Augen. Mehr als zwei, drei Jahre halten die die Arbeit hier nicht aus, dann gehen sie meist jämmerlich zugrunde. Die Römer sind halt ziemlich verweichlicht. Stehen sie im Kampf Mann gegen Mann unseren Kriegern gegenüber, so schlottern sie vor Angst", sagte Vectimarus mit einem verächtlichen Blick auf einen der Sklaven. „Die Germanen sind da schon wesentlich robuster und zäher. Wir Treverer stammen ja vermutlich auch von germanischen Vorfahren ab. Jedenfalls behaupten das unsere Barden und Druiden."

„Wenn nicht genügend Sklaven für die Arbeit zur Verfügung stehen, dann müssen manchmal auch die tributpflichtigen einfachen Bauern hier mithelfen. Aber diese Anweisung trifft der Fürst nur zur Not, denn die Bauern sollen ja schließlich auch die Versorgung der Bevölkerung mit Lebensmitteln sicherstellen. Die Eisenproduktion darf aber niemals stillstehen, denn in dem gewonnenen Eisen liegt unser größter Reichtum begründet. Seit Generationen geht das schon so. Unsere Schmiede zählen zu den besten aller keltischen Stämme. Und die Römer, die haben all ihr Können ja nur bei uns geklaut..."

„Hallo, mein Junge“, sagte plötzlich ein großer, breitschultriger Mann, der von hinten unbesehen zu ihnen herangekommen war. Während er sie begrüßte, legte er seine riesigen Hände auf Vectimarus´ Schulter. Die tiefe Stimme und sein mächtiger rotblonder Schnurrbart passten zu seiner imposanten Erscheinung.

„Na, wen hast du uns denn da mitgebracht?“, fragte er Vectimarus, während seine mächtigen Pranken nun auf den Schultern von Pettia landeten. Deren Schultern spannten sich unter der Last dieser Riesenhände.

„Ich heiße Pettia und bin die Tochter des Händlers Redios aus Divodurum“, gab sie sofort zur Antwort.

„So, so, Pettia aus Divodurum“, musterte er das Mädchen. „Dann kommt mal mit, ihr beiden. Lasst uns mal sehen, was deine Mutter mir Leckeres eingepackt hat, Vectimarus.“

Seine Vorarbeiterhütte stand am gegenüberliegenden Rand außerhalb des Schürfloches. Sie war weniger eine Hütte als eine einfache Überdachung mit einer einzigen Flechtwand als Schutz gegen den scharfen Westwind. Hier stellte der Onkel den Korb auf einen groben Tisch. Außer diesem gab es nur noch ein zweites Möbelstück in Form einer ebenso robust gefertigten Holzbank. An der aus Weidenruten geflochtenen Wand hingen einige Werkzeuge und eine große Lederschürze. Siretos entnahm dem Korb einige frisch gewaschene Kleidungsstücke, einen irdenen Krug mit frischem, klarem Wasser aus dem Brunnen neben Vectimarus‘ Elternhaus, ein rundes Brot, einige Äpfel, drei Eier und zwei der leckeren Kringli.

Einen davon gab er sogleich an Vectimarus weiter und sagte: „Hier für dich. Aber teile ihn mit deiner kleinen Freundin. Esst schon mal, ich komme gleich zu euch.“

Von einem Arbeiter gerufen, eilte er nach draußen, während Vectimarus und Pettia sich auf die Holzbank setzten und den Kringli gemeinsam aßen.

„Onkel Siretos sieht zwar zum Fürchten aus, er ist aber eigentlich ganz lieb“, erklärte Vectimarus mit vollem Mund, während sie den Kringel verputzten.

„Leider ist er oft traurig, seit seine Frau bei der Geburt ihres ersten Kindes letztes Jahr verstorben ist. Und auch das Kind, das mein Vetter geworden wäre, kam nur noch tot zur Welt. Man sagt, die Götter hätten sie dafür bestraft, weil sie ohne deren Gunst zu erflehen, wie Mann und Frau zusammen gelebt hätten. Seitdem kümmert sich meine Mutter um ihren Bruder, und der denkt nur noch an seine Arbeit. Vermutlich hofft er, dadurch seinen Schmerz zu vergessen, denkt meine Mutter", erzählte Vectimarus und biss nachdenklich in seine Hälfte des Kringli.

Noch bevor Pettia an ihre eigene Familientragödie denken konnte, sagte er: „Unser Fürst schätzt die Kenntnisse, den Fleiß und die Tüchtigkeit von Onkel Siretos ganz besonders. Er hätte den gewissen Blick zum Aufspüren der Erzadern, sagte der mal zum Onkel. Wenn irgendwo das Erz im Boden liegt, findet Siretos es mit sicherem Gespür. Deshalb hat er ihn zum Vorarbeiter an dieser Schürfstelle gemacht. Auch diese Erzader hat Siretos entdeckt. Ich nehme an, er kann die Vorkommen an der Beschaffenheit des Bodens und dem Auftreten gewisser Pflanzen erkennen. Aber das sind nur meine Vermutungen, denn sein Geheimnis gibt er niemandem preis. Die Faulen unter den Sklaven fürchten meinen Onkel, denn er verlangt von ihnen Fleiß und Gehorsam. Wenn sie seinen Anweisungen gehorchen, kümmert er sich aber auch um ihr Wohl. Er sorgt für genügend Nahrung und eine gute Unterkunft, damit sie nicht krank werden."

„Schau, Onkel Siretos ist zu den Sortierern gegangen", rief er, worauf sie beide die Hütte verließen und zum Onkel und den am Sortierplatz beschäftigten Arbeitern liefen, um den dortigen Arbeiten zuzuschauen. Die Erzknollen waren wie Brotfladen, manche aber auch diskussscheibenartig geformt. Einige hatten lediglich das Ausmaß einer Nuss, andere die Größe des Kopfes eines Erwachsenen. Sie wurden in eine flache Mulde zu brennenden Holzscheiten geworfen. Die Holzscheite verbreiteten einen beißenden Rauch und strahlten eine große Hitze aus. Die hier Tätigen arbeiteten trotz des heutigen, kühlen Wetters mit freiem Oberkörper. Die verschwitzten Körper waren von der schmutzigen Arbeit graubraun gefärbt. In die Dreckschicht hatte der Schweiß senkrechte Streifen auf ihre Körper gezeichnet. Pettia empfand einen unangenehmen Geruch, der aus einer Mischung von Holzqualm und Körperschweiß sowie dreckiger, ungewaschener Kleidung bestand. Sie stellte sich lieber etwas entfernt der Arbeiter hin. Die großen Erzknollen wurden, noch bevor sie ins Feuer flogen, mit dem Hammer zertrümmert. Laut knisternd, manchmal gefährlich knallend, zersprangen die Gesteinsknollen in Einzelteile, sobald sie sich im Feuer genügend erhitzt hatten. Nach diesem Vorgang entnahmen einige Arbeiter die noch heißen Steine aus der Feuersglut. Während diese nun abkühlten, wurden bereits wieder neue Erze im Feuer erhitzt.

Die schon gerösteten Steine wurden von anderen Arbeitern, den Sortierern, in mehrere Haufen aufgeteilt. Die unterschieden hierbei die unbrauchbaren Gesteinsfragmente von den brauchbaren. Mit flinken Händen warfen sie die wertlosen, da erzarmen, sie sagten in ihrer Bergarbeitersprache „tauben", Teile auf einen großen Haufen, an dem zwei mit Schaufeln bewaffnete Männer dabei waren, diese auf Holzladen zu schaufeln. Die brauchbaren Gesteinsteile landeten hingegen in einer großen Kiste. Siretos beobachtete die Arbeiten mit wachem Auge. Denn es galt, sorgfältig die erzhaltigen Teile auszuwählen, damit diese dann in einem nächsten Arbeitsschritt nochmals auf eine, für das Schmelzen passende Größe zerkleinert werden konnten. Diese Arbeit wurde von anderen Männern durchgeführt, die nur wenig entfernt um mehrere große Felsplatten verteilt saßen. Sie trugen ebensolche dicke Lederschürzen, wie Pettia vorhin eine in Onkel Siretos´ Hütte bemerkt hatte. Die Lederschürzen sollten die Männer vor den scharfkantigen Gesteinssplittern schützen, die beim Zertrümmern der Steine manchmal umherflogen. Dennoch hatten viele der Männer alte, bereits vernarbte, aber auch frische Schnittwunden an ihren fast ungeschützten Armen und im Gesicht. Einer der Männer blickte gar einäugig zu Vectimarus auf.

„Der hat sein linkes Auge durch einen Gesteinssplitter verloren", sagte er zu seiner Freundin, als er ihren fragenden Blick bemerkte.

Pettia sah den Mann kurz an und wandte sich, teils aus Mitleid, teils erschrocken wieder ab. Denn der Mann war im Gesicht ziemlich entstellt.

„Niemals", dachte sie bei sich, „wollte ich hier arbeiten müssen."

Eine solche Arbeit voller Dreck und Gefahr – nein, das wäre Nichts für sie. Als wollte man sie in ihrer Meinung bestätigen, knallte es laut hinter ihr an den Röstfeuern. Jemand stieß einen gellenden Schrei aus. Sie sah, wie sich der getroffene Mann die Stirn bedeckte und diese sich vom Blut rot zu färben begann. Ein erhitzter Stein war explodiert und ein Splitter hatte ihn getroffen. Das Blut tropfte von seinen Händen, während ein Kollege ihm einen feuchten Lappen brachte, um die Wunde zu säubern und die Blutung zu stillen. Unbeirrt gingen währenddessen die anderen Arbeiter ihrer Arbeit nach. Für die Männer waren solche Geschehnisse anscheinend alltäglich. Diese Art von Arbeit war also nicht nur körperlich schwer ertragbar, sondern auch noch gefährlich.

Die an den Felsplatten sitzenden Männer legten die gerösteten erzhaltigen Gesteinsstücke auf, um sie mithilfe von steinernen Felshämmern auf die Größe etwa eines Taubeneies zu zerkleinern.

„Mit diesem Vorgang ist das Erz endlich soweit vorbereitet, dass es geschmolzen werden kann", sagte Siretos erklärend zu Pettia. „Als erster Arbeitsschritt mussten die Erzknollen ja unten in der Grube gesucht und ausgegraben werden. Dann wurden sie vom Erdreich befreit, um teilweise zerkleinert ins Röstfeuer zu kommen. Durch das Rösten wurden die erzhaltigen, brauchbaren Gesteinsteile vom tauben Gestein getrennt. Dann wurden die erzhaltigen Teile nach dem Sortieren weiter an die Zerkleinerer an die Steintische weitergereicht und dort nochmals auf Schmelzgröße zerkleinert. Und jetzt erst wird das eisenhaltige Erz zu den Rennöfen gebracht".

„Was sind Rennöfen?", fragte ihn Pettia, denn im Unterschied zu Vectimarus war ihr das alles hier neu und unbekannt.

Vectimarus blickte hingegen wissend zu ihr, als Siretos sie beide auch schon aufforderte: „Kommt mit zu den Öfen. Ich zeige euch, wie das Erz dort aus dem Stein ausgeschmolzen wird."

Das Erz aus dem Stein rennen, oder wie? Das konnte sie sich nun wirklich nicht vorstellen, wie das gehen sollte. Und vor allem was oder wer rennt hier? Alles sehr mysteriös, dachte sie. Aber nun war ihre Neugier geweckt und sie wollte dem Onkel gerne folgen. Der wandte sich seitwärts, um über einige Abraumhalden zu klettern. Dann folgten sie dem Weg, um mehrere sehr große Felsen herum. Gemeinsam kamen sie zu einer Freifläche, auf der eine ganze Menge mächtiger, schornsteinartiger Gebilde aus gebranntem Lehm standen. Dies sah aus, als würde ein Tier aus der Unterwelt seinen langen Rüssel aus der Erde herausstrecken. Aber anstatt Luft zu holen, spien einige der Rüssel orangerot lodernde Flammen zum Himmel hinauf. Dass die etwa mannshohen Schlote am Brennen waren, das war Pettia schnell klar. Sie sahen tatsächlich unheimlich aus. So, als würden die Geister der Unterwelt ihren heißen, giftigen Atem ausstoßen. Die Hitze in der nahen Umgebung der Öfen war enorm. Beim näheren Herantreten erkannte Pettia, dass die Arbeiter abwechselnd Holzkohle und das zerkleinerte Erz schichtenweise einfüllten, bevor sie die Öfen entzündeten. Das war also wohl der Beginn des Schmelzvorgangs.

„Das sind unsere Rennöfenbatterien“, sagte Vectimarus nicht ohne Stolz zu ihr. „So nennt man die speziell zum Eisenschmelzen verwendeten Öfen.“

Noch bevor er weiterreden konnte, erklärte Siretos ihr fachmännisch: „Diese Tätigkeit ist die wichtigste im gesamten Arbeitsprozess. Deshalb werden hier auch nur unsere besten Arbeiter eingesetzt. Sorgsam abwiegend, füllen sie immer ein bestimmtes Maß an Holzkohle oder Erz von oben in den Schlot nach. Je nach Farbe der Flammen müssen die Helfer dann zusätzliche Luft in den Ofen blasen.“

Diese Arbeit verrichteten vier Männer je Ofen, die an großen Blasebälgen saßen und auf Zuruf des Mannes, der den Ofen kontrollierte, ihre Arbeit aufnahmen oder stoppten. Die Blasebälge aus Ziegenleder waren mit einer Röhre an einer kleinen Öffnung in der Ofenwand befestigt. So konnte mittels der zugeführten Luft die Temperatur im Ofen rasch aufgeheizt werden. Trotz der herbstlichen Kälte hatten auch die hier schuftenden Männer von der herrschenden Hitze hochrote Köpfe bekommen. Sie schwitzten durch die körperliche Anstrengung und auch Pettia merkte, wie ihr die Ofenhitze den Schweiß aus den Poren drängte.

„Ja“, sagte Siretos stolz, „die Arbeit hier ist sehr wichtig, aber auch anstrengend.“ Er nickte dabei den Männern an den Blasebälgen anerkennend zu. „Aber da hinten haben wir Öfen, die sind noch besser als die hier.“

Er forderte sie auf mitzukommen und als sie nach hundert Metern an den Rand des nach Westen abfallenden Flusstales kamen, sahen sie am steiler werdenden Hang Dutzende weiterer Öfen. Die waren diesmal aber in den Hang hinein gebaut worden.

„Diese Öfen müssen nicht mit Luft aus den Blasebälgen versorgt werden. Sie liegen am Hang und in der Hauptwindrichtung, also in Richtung Sonnenuntergang. Hier blasen ständige Hangwinde, welche die Öfen mit genügend Sauerstoff versorgen, sodass die mühsame Arbeit an den Blasebälgen entfällt“, erklärte diesmal Vectimarus mit Eifer. „Und weißt du was, Pettia? Onkel Siretos war es, der diesen neuen Ofentyp bei uns eingeführt hat!“, verkündete er stolz und mit glänzenden Augen.

„Ja, Vectimarus hat Recht“, erwiderte der. „Als junger Kerl hatte ich von dieser Art Rennofen gehört und bin dorthin gereist, wo man sie erfunden hat. In einem großen, dunklen Waldgebiet, eine Wochenreise nach Süden, habe ich ein Jahr lang in den Erzgruben mitgearbeitet. Dabei konnte ich den Gebrauch des Ofens genauestens kennenlernen. Und dieses Wissen habe ich dann in die Heimat gebracht“, erklärte er, während ihn sein Neffe stolz anblickte.

Siretos hingegen blickte aber Vectimarus anerkennend an, hatte er doch nicht erwartet, dass Vectimarus sich so gut mit den Vorgängen an den Öfen vertraut gemacht hatte. Der Junge freute sich, denn er hatte mit seinen Erklärungen nicht nur der unwissenden Pettia, sondern auch seinem Onkel gegenüber mit seinen Kenntnissen imponiert.

„Nachdem die Öfen mindestens einen ganzen Tag lang ständig befeuert und mit Erz beschickt wurden, lässt man sie langsam über Tage hinaus erkalten. Dann erst werden sie geöffnet und es wird die sogenannte Ofensau herausgenommen. Als Ofensau bezeichnen wir einen größeren Schmelzbrocken aus einem Gemisch von Schlacke- und Holzkohleresten und dem geschmolzenen Erz. Diese Brocken bilden sich am Boden des Ofens, nachdem das flüssige Eisen aus dem Gestein herausgeronnen

oder gelaufen ist. Jetzt weißt du auch, warum diese Öfen Rennöfen heißen. Diese Brocken werden dann von unseren Schmieden noch einmal erhitzt und vorsichtig mit hölzernen Knüppeln bearbeitet. Dadurch wird das noch im Klumpen befindliche, unbrauchbare Material aus dem Klotz herausgetrieben. Anschließend wird aus mehreren dieser stark eisenhaltigen Brocken ein handlicher Barren aus Roheisen geformt. Zum besseren Transport haben diese Barren eine längliche Form mit zwei spitzen Enden. So kann ein Mann einen dieser Eisenbarren bequem alleine tragen. So, und wenn dies alles getan ist, dann kann der Schmied endlich die Geräte oder Waffen daraus formen."

Auch wenn Pettia nicht alles verstanden hatte, so wusste sie nun doch, wie kompliziert, mühsam und gefährlich die Arbeit der Eisenverhüttung war. Zu Hause in Divodurum hatte sie einmal solche Eisenbarren, von denen Siretos erzählte, beim Schmied gesehen. Aber wenn sie ehrlich zu sich war, so musste sie zugeben, dass sie sich noch nie Gedanken über die viele Arbeit gemacht hatte, die in der Herstellung eines einzelnen dieser Erzbarren steckte. Erstens die Suche nach den Erzlagerstätten, zweitens das Ausgraben des Erzes, drittens der Transport zum Verarbeitungsplatz, viertens das Rösten der Erzklumpen... Fünftens... Sechstens... – „Was für ein Aufwand", dachte sie sich. Aber die Arbeit schien sich ja zu lohnen, nur für wen? Mit Sicherheit nicht für diejenigen, welche hier vor Ort die schwere Arbeit verrichten mussten! Das war ihr klar.

„Alleine hier an unserer Schürfstelle sind derzeit mehr Öfen in Betrieb, als drei Männer Finger an den Händen haben. Zusammen mit den anderen Erzbetrieben der Umgebung schmelzen wir derzeit mehr Eisen aus als je zuvor", erfuhren sie von Siretos.

„Das Eisen wird auch dringend von unseren Waffenschmieden benötigt, denn, wie man sagt, beabsichtigt unser Herr und Fürst, ein großes Heer gegen die Römer auszurüsten. Heute treffen ja auch alle Fürsten aus dem Trevererreich und den verbündeten Stämmen hier auf der Burg ein. Gemeinsam werden sie über weitere militärische Aktionen entscheiden. Ich hoffe, dass unser Fürst sich entscheidet, den Römern endlich einmal zu zeigen, wer der Herr in Gallien ist", sagte Onkel Siretos und bekam vor Eifer über die ihm verhassten Römer einen zornesroten Kopf.

Wie um seine Aussage zu bestätigen, sahen sie auf der benachbarten Straße einen Zug Reiter vorbeiziehen. Es handelte sich um eine lange Reihe bewaffneter Krieger auf typischen, kleinen Trevererpferden. An ihrer Spitze ritt ein edler Krieger, wie man unschwer an seinem eisernen, geschmiedeten Helm und seinem schweren Kettenhemd erkennen konnte.

Die Burg

Sie verabschiedeten sich von Siretos, der von seinen Arbeitern herbeigerufen wurde und es daher plötzlich sehr eilig hatte. Er wünschte Pettia noch alles Gute für ihre Rückreise ins Land der Mediomatriker, das er, wie er sagte, auch nicht kannte. Er hätte von Pettia gerne mehr über deren Heimat erfahren, aber pflichtbewusst ging er schnell zu seinen Leuten. Da schien es wohl ein Problem mit den Öfen zu geben.

Vectimarus und Pettia liefen eilig zur Straße, denn ihre Neugier war von der Kriegergruppe geweckt worden. Gerade bogen die Reiter auf den Weg ein, der bergauf zur Burg führte. Die den Weg benutzenden Arbeiter aus der Erzgrube, die vorbeifahrenden Händler und Bauern, alle blieben stehen und betrachteten ehrfürchtig die Gruppe der Berittenen. Die ihnen am nächsten Stehenden nahmen ihre Mützen ab und grüßten deren Anführer ehrfurchtsvoll. Dieser sah in seinem Kettenhemd wahrlich kriegerisch aus. Für die Ehrerbietung der Leute hatte er nur einen überheblichen, stummen Blick übrig.

„Ist das eurer Fürst?“, fragte Pettia leise.

„Nein, das muss einer der anderen Fürsten sein“, zischelte Vectimarus leise.

„Das ist wohl der Schwiegersohn unseres Anführers Indutiomarus. Es muss also Fürst Cingetorix sein“, sagte ein Bauer. „Ich erkenne ihn an seinem Schildwappen. Er ist ein Römerfreund und nur gekommen, weil Fürst Indutiomarus alle beim Landtag fehlenden Fürsten mit der Todesstrafe belegt hat. So musste auch er dem Befehl Folge leisten und Indutiomarus wenigstens nach außen hin die Treue bezeugen. Wenn ihr mich fragt, so ist dieser Cingetorix ein Heuchler. Er wird unseren Fürsten bei erstbester Gelegenheit an die Römer verkaufen. Auch wenn er mit der ältesten Tochter von Fürst Indutiomarus verheiratet ist.“

Verächtlich spuckte der Bauer auf den Boden. Nachdem die Reiterkolonne sich weiter entfernt hatte, begann sogleich ein Debattieren unter den umstehenden Leuten. Wieder waren der Krieg und das damit verbundene Thing Hauptgesprächsthema unter ihnen.

Vectimarus und Pettia nahmen davon wenig Notiz, schließlich wollten sie heute ja auch noch zur Burg. Sie folgten daher dem Reitertrupp, der natürlich sehr viel schneller vorankam als sie zu Fuß. Während sie den Weg beschritten, wurden sie von weiteren, kleinen Kriegergruppen überholt. Die meisten von ihnen waren zu Pferd. Und alle waren mit ihren Standesmerkmalen ausgestattet, sodass auch Pettia unschwer erkennen konnte, wer Anführer, wer adeliger Krieger oder wer nur einfacher Gefolgsmann war. Die einfachen Krieger trugen meist nur einen hölzernen Speer, der teils noch nicht einmal mit einer eisernen Spitze versehen war. Die Speere bestanden vielmehr nur aus einer angespitzten Holzstange mit feuergehärtetem Ende. Andere trugen zudem noch einen hölzernen Schild. Der besaß in der Mitte eine buckelartige Erhebung, hinter der sich rückseitig der Griff des Schildes verbarg. Ein solcher Schild diente natürlich primär dem Schutz seines Trägers. Aber ein erfahrener Kämpfer konnte ihn auch als gefährliche Waffe einsetzen.

„Hast du bemerkt, dass die meisten der Krieger auch eine eiserne Axt am Gürtel tragen?“, fragte Vectimarus.

„Ja?“, antwortete Pettia ihm fragend, denn sie wusste nicht genau worauf er mit seiner Frage abzielte.

„Nun“, sagte der. „Das ist eine Besonderheit in der Bewaffnung unserer treverischen Krieger. Du musst wissen, dass unsere Vorfahren aus den germanischen Gebieten jenseits des Rhenus, des Rheins also, hierher eingewandert sind. Und von den Germanen haben wir den Gebrauch der Axt als Waffe übernommen. Die Axt eignet sich hervorragend als Wurfwaffe über größere Entfernungen. Gleichzeitig kann sie bei geübter Handhabung aber auch im Kampf Mann gegen Mann wirkungsvoll eingesetzt werden“, sagte er nicht ohne Stolz.

„Und siehst du den Germanen da hinten? Den mit dem Fellkragen am Umhang? Da, schau dir sein langes Messer an! Das ist ein Hiebmesser. Extra lang, schlanker und auch robuster als ein normales Messer eignet es sich besonders gut für den Nahkampf, weil es kürzer als das unhandlichere Schwert ist."

Die adeligen Krieger hatten alle Speere oder Wurflanzen und einen Schild. Hinzu kam, dass sie ein Pferd besaßen. Viele Adelige und Krieger führten zudem ein langes Schwert, das je nachdem mehr oder weniger verziert sein konnte. Nur die allerwenigsten trugen einen Helm oder einen Schutzpanzer. Diese konnten entweder aus Leder – teilweise mit Metallauflagen – oder ganz aus Metall als Kettenhemd gefertigt sein. Man sagt, dass ein eisernes Kettenhemd Arbeit für mehrere Mondläufe bedeutete, also einen immensen Wert darstellt. Die bedeutendsten Krieger waren natürlich auch an ihrer vornehmen Kleidung und ihrem wertvollen Schmuck erkennbar. Vor allem trugen die verdienten, im Kampf bewährten Krieger als Standeszeichen einen Torques, einen Halsring. Der konnte aus Bronze, manchmal aber auch aus Gold gefertigt sein.

Ein Fürst konnte sich je nach seinem Stand und Reichtum ein mehr oder minder großes Heer an Embactes leisten. Diese Angehörigen einer Leibwache waren an dem gemeinsamen Zeichen auf ihrer Ausrüstung erkennbar. Als Leibgarde hatten sie ihrem Anführer Treue bis in den Tod geschworen. Teils waren diese Krieger ehemalige Kriegsgefangene, oder sie hatten sich als Freie zum Dienst als Söldner bei ihrem Fürsten beworben. Oftmals waren auch Germanen in diese besonders gut im Kriegshandwerk ausgebildeten Elitetruppen eingegliedert. Pettia konnte diese wilden Kerle sogleich von den keltischen Kriegern unterscheiden. Auf ihren kleinen, wendigen Pferden mit zottiger Mähne glichen die Reiter mit ihren, zu fremdartigen Frisuren geflochtenen, oftmals rotblonden Haaren und ihrer robusten Kleidung furchteinflößenden Kampfmaschinen. Sie erinnerten Pettia an die Erzählungen ihres Vaters von den Kämpfen des Großvaters mit germanischen Horden, die vor mehreren Jahrzehnten auf der Suche nach neuen Siedlungsgebieten über den Rhein gekommen waren und große Teile der Mediomatrikergebiete zerstört hatten. Nur mühsam konnten sie wieder über den großen Grenzfluss, den Rhenus – wie die Römer ihn nannten –, zurückgedrängt werden.

Pettias Großvater hatte dabei die Anerkennung eines tapferen Kriegers gefunden. Allerdings war er im Kampf auch zu Tode gekommen. Das hatte Unglück über die ganze Familie gebracht. Denn seiner Frau und den sieben Kindern, darunter Pettias Vater, hatte er durch seinen Tod das Leben zur Qual werden lassen. Nur der Unterstützung von Verwandten war es zu danken, dass Redios' Mutter und ihre Kinder nicht zu Leibeigenen geworden waren oder gar den Hungertod hatten sterben müssen. Mühsam konnten sie ihren kleinen Bauernhof weiter bewirtschaften, indem die Mutter tagein, tagaus hart arbeitete. Neben der mühevollen Feldarbeit musste sie sich ja auch um die meist noch kleinen Kinder kümmern. Pettias Vater musste als ältester Sohn bereits früh mithelfen. Seine älteste Schwester hatte meist die Mutter im Haus zu vertreten und sich um die Kleinsten zu kümmern. Pettia erkannte, wenn ihr Vater von seinem Zuhause erzählte, oftmals Wehmut und Trauer in seinem Blick. Denn trotz aller Bemühungen und Unterstützung von Verwandten waren drei der Kinder in einem einzigen Hungerwinter gestorben. Eine in dem Jahr herrschende Missernte ließ sie oft hungern, sodass eine ansonsten eher normale Erkältungswelle in diesem Winter zu vielen Toten führte. Die Abwehrkräfte vieler Leute waren so geschwächt, dass selbst eine Erkältung schon zum Tod führen konnte. Aber davon hatte Pettias Vater nie etwas erzählen wollen. Die Erinnerung traf ihn noch heute sehr hart und er wollte sich wohl auch nicht daran erinnern müssen. Pettias Onkel Pentorix hatte ihr vor einigen Wintern einmal die Geschichte erzählt, als sie ihn danach gefragt hatte, warum ihr Vater immer so traurig sei, wenn sie ihn nach seiner Familiengeschichte fragte.

So oder ähnlich verliefen oftmals die Schicksale der Familien, deren Väter nicht aus einem Kriegszug zurückkehrten. Ohne Mann im Haus war eine Familie oftmals dem Untergang geweiht. Meist waren die Familien der Gefallenen den Anführern egal. Ähnlich erging es auch denen, die als Krüppel heimkehrten, weil sie im Kriege ein Bein oder einen Arm verloren hatten, erblindet waren oder ein ähnliches Leid erfahren hatten. Hatten sie keine Familie, die sie versorgten, so war ihnen ein leidvolles Dasein sicher. Ihre einzige Möglichkeit war es, sich als Bettler durchzuschlagen und auf Almosen zu hoffen.

Ganz im Gegensatz dazu erging es den ruhmreichen, heldenhaften Siegern einer Schlacht, die beladen mit Beute und Sklaven nach Hause zurückkehrten. Nicht nur, dass diese ehrenhaften Männer voller Stolz die abgeschlagenen Köpfe der von ihnen getöteten Gegner an die Wände ihrer Häuser nagelten. Damit demonstrierten sie allen sichtbar ihren Sieg, ihren Mut und ihre Tapferkeit. Sondern auch die Familienangehörigen hatten so manchen Vorteil vom Sieg ihrer Väter und Männer. Denn zum Reichtum gesellten sich gewöhnlich auch die Anerkennung und Bewunderung der Mitmenschen. Höchstes Ansehen genoss die Kopftrophäe als Zeichen eines gewonnenen Zweikampfes. Der zwischen zwei Kriegern ausgetragene Zwist war die mannhafteste Art, seinen Mut zu beweisen. Nur im Zweikampf konnte der einzelne Krieger seinen persönlichen Mut beweisen. Um ihre Furchtlosigkeit zu zeigen, kämpften die Mutigsten sogar gänzlich unbekleidet gegeneinander.

Diese ehrenhafte Kampfweise wurde von ihren römischen Gegnern oft nicht angenommen, sodass die keltischen Krieger die Römer als unehrenhafte Feiglinge betrachteten. Dennoch trugen die Römer einen Sieg nach dem anderen davon. Denn wenngleich sie auch unter den Kelten als feige galten, so glich ihre strenge, militärische Disziplin dies mehr als aus. Die Römer traten stets wohl gegliedert in Schlachtformation zum Kampf an und bereiteten damit den ungeordneten und undisziplinierten keltischen Haufen die allergrößten Schwierigkeiten. Erfahrene keltische Anführer hatten diese Kampfesweise als Auxiliare, wie man die fremdländischen Hilfstruppen nannte, kennengelernt. Versuche, die römische Kampfweise nach deren Rückkehr in die Heimat in das keltische Heer zu übernehmen, stießen jedoch auf heftigen Widerstand. Dieser Umstand hatte in den letzten Jahren schon oft zu keltischen Niederlagen geführt.

Flüchtlinge

Nach der nächsten Biegung trafen sie auf eine Ansammlung von Hütten, teils auch Zelten, die hier ungeordnet entlang des Weges standen. Die darin wohnenden Menschen, Frauen, Kinder, Alte und nur wenige erwachsene Männer, sprachen einen Pettia fremden, keltischen Dialekt, der ihr sogleich zeigte, dass es sich um keine einheimischen Treverer handeln konnte. Dagegen sprachen auch die eher als Behausungen zu bezeichnenden, provisorischen Hütten.

Fragend blickte Pettia ihren Freund an, der ihr folgende Erklärung gab: „Das sind Flüchtlinge vom Stamm der Menapier. Die flohen dieses Frühjahr aus den Sumpf- und Waldgebieten des nördlichen, belgischen Gebietes. Dort lebten sie friedlich entlang der Küsten. Aber im Frühjahr hat Caesar befohlen, ihre Gebiete zu brandschatzen. Die Römer verbrannten ihre Gehöfte und Dörfer, und töteten viele Menapier, egal ob jung oder alt."

„Alle ihre Vorräte wurden zerstört und das alles nur weil die Römer glaubten, dass die Menapier den belgischen Anführer Ambiorix unterstützen könnten. Dabei waren die Menapier völlig neutral und hatten sich in keinerlei Kämpfe eingemischt. Es sind deshalb so wenige Männer hier in ihrem Lager, weil diese entweder von den Römern getötet oder als Sklaven entführt wurden. Einige Männer haben sich auch dem Ambiorix im Kampf gegen Caesar angeschlossen. Unser Fürst, so hört man, will sich nun auch mit Ambiorix gegen die Römer verbünden. Dem unmenschlichen Treiben muss endlich ein Ende gesetzt werden. Ich nehme an, dass deswegen die große Versammlung der Stämme, der Thing, einberufen wurde."

Schweigend passierten sie das beiderseits des Weges angelegte Lager der Menapier.

„Die sind wirklich zu bemitleiden", sagte sich Pettia. „Ohne Heimat, ohne Chance auf ein friedliches Leben müssen die Leute hier in der Fremde unter unwürdigen Umständen wohnen. Ob sie je wieder in ihre Heimat

zurückkehren können?“, fragte sie sich. „Vielleicht wird Fürst Indutiomarus ihnen ja hier in der Gegend neue Siedlungsbereiche zuweisen, sodass sie Fuß fassen und ein neues Leben beginnen können.“

Als hätte Vectimarus ihre Gedanken gelesen, sagte der: „Ja, die sind wirklich arm dran, die Leute. Es wird zwar von den Anwohnern anerkannt, dass sie Opfer eines schrecklichen Schicksals wurden, aber ich höre immer mehr böse Stimmen in unserer Schenke über die Menapier. Von wegen, die sollen hier verschwinden, denn die kosten uns zu viel Geld, essen uns die Vorräte weg und schlimmeres. Anstatt das Leid dieser Menschen zu sehen und ihnen zu helfen! Was wäre, wenn es uns mal so ginge und man uns dann auch nicht helfen will! Man muss sich doch gegenseitig helfen in der Not!“, sagte er und erntete dafür von Pettia einen anerkennenden Blick und ein Lächeln.

Endlich bog der steinige Weg in einer scharfen Kehre um, womit der Hauptanstieg geschafft war. Nach wenigen hundert Metern durch mit scharfkantigem Gras und dornigen Brombeerbüschen bewachsenem, freiem Gelände erreichten sie den Bergrücken. Aus der Ferne konnte man nun die Ecke der Festung und ihre mächtigen Mauern erkennen. Während er den Anblick schon hunderte Male gesehen hatte, konnte Pettia ihre Bewunderung nicht verbergen, denn die Mauern, auf die sie nun zuschritten, waren wirklich gewaltig. So riesig waren sie, dass das Mädchen sicherlich noch nichts Vergleichbares gesehen hatte. Und dabei war sie mit ihrem Vater schon viel durch die Lande gezogen und hatte auch schon einige Befestigungen gesehen. Selbst zu Hause in Divodurum gab es keine solch imposanten Schutzmauern. Was sie hier sah, war einfach unglaublich. Um sie herum herrschte ein emsiges Treiben. Ein Heer von Handwerkern und Sklaven war dabei, die Mauer zu erhöhen, obwohl diese in der Höhe sicher schon das Fünffache der Schenke von Vectimarus‘ Eltern erreicht hatte. Je näher sie der Mauer kamen, desto weiter musste sie den Kopf in den Nacken legen, um die Arbeiter oben auf der Mauer zu sehen. Die bauten auf der Mauerkrone gerade eine hölzerne Brustwehr ein. Diese sollte im Fall eines Kampfes den Verteidigern als Körperschutz gegen anfliegende Pfeile und Speere oder Wurfgeschosse dienen. Andere Handwerker fügten gerade dicke Baumstämme lagenweise zu einem Gerüst in eine Mauerbresche ein. Damit sollte wohl die Mauerkonstruktion verstärkt werden. Alle Aktivitäten deuteten auf die herrschende Krise und eventuell bevorstehende Kämpfe hin. Als sie die Mauer endgültig erreicht hatte und die vor ihnen liegende Ecke passierten, kam sich Pettia wie eine Ameise vor, so klein wirkte sie neben der Festungsmauer. Sie folgten dem Weg, der nun unmittelbar außerhalb dieser zu einem – von hieraus noch nicht einsehbaren – Tor führen musste. An dieser Seite war die Mauer nicht mehr so gewaltig, wie die den Bergrücken abriegelnde, nördliche Mauer. Dennoch war durch den rechts des Weges abfallenden steilen Hang ein ähnlicher Schutz gegeben.

„Sag mal, wo habt ihr eigentlich die Unmengen von Steinen her? Das ist ja einfach unglaublich!“, meinte Pettia zu ihrem Freund. „Hast du nicht an den Hängen des Berges die großen Steinflächen bemerkt, die beiderseits unseres Weges große Flächen bedeckten? Ich meine die Bereiche, wo so viele Steine zusammenlagen, dass dort keinerlei Bäume wachsen können? Diese Steinmeere sammeln die Arbeiter ein, verfrachten sie auf bereitstehende Ochsenkarren, transportieren sie dann auf den Berg zu den einzelnen Baustellen. Und dort werden sie dann in den Mauern verbaut“, erklärte Vectimarus.

Auf der Mauer stand hier und da ein Bewaffneter. Er beobachtete mit aufmerksamem Blick das Treiben der Leute, die entweder in die Burg wollten oder aus dieser herauskamen. Denn entlang der Mauer befand sich allerlei Volk. Händler, die zum Marktplatz eilten, Handwerker, die zu ihren Baustellen mussten, oder Bauern, die ihre Feldfrüchte heranbrachten. Vor ihnen bewegten sich gerade einige vor sich hin trottende Schafe, die von einem älteren Mann mittels eines Stockes und lautem Zurufen vorangetrieben wurden. Der wollte die Tiere sicher auch auf der Burg anbieten. Durch das einberufene Thing werden sich nämlich viele Männer auf der Burg befinden, die durch die lange Anreise sicher auch einen entsprechenden Appetit und Durst mitbringen. Und da käme doch ein leckerer Lammbraten gerade zur rechten Zeit.

Eine uralte, gebückt am Stock gehende Frau humpelte mühsam und mit einem großen Korb ausgestattet ebenfalls Richtung Burg. Sie führte die entsprechenden Wildkräuter mit sich, die dem Braten sicher den entsprechenden Geschmack verleihen würden.

„Hoffentlich wird Vater nun auch seine Waren absetzen können“, dachte Pettia.

Die Heilerin

Mittlerweile passierten sie den Weg zum Burgtor, wobei sie eine gutes Stück des Weges an der Burgmauer entlanggingen. Von oben herab wurden sie dabei von den dort postierten Kriegern beobachtet. Im hölzernen Torbau standen zwei Bewaffnete, die zusätzlich die Ankommenden kontrollierten. Ein an der Seite stehender Wagen eines Bauern war hoch mit Stroh für die Burgstallungen beladen. Er wurde gerade von einem der Wächter mit einer Lanze durchstochen. Hierdurch wollte man wohl eventuell darin verborgene Feinde aufschrecken oder versteckte Waren aufspüren. Aber alles blieb ruhig, es schien sich niemand im Heu versteckt zu haben. Dennoch war auch hieran die allgemein angespannte Lage zu erkennen.

Pettia und ihr Freund blieben relativ unbeachtet und konnten problemlos durch das von einem Wehrgang überdachte Tor gehen. Von der Rückseite her konnten die Verteidiger wegen der starken Hanglage bequem die Mauerkrone erreichen. Jetzt waren sie endlich im Innern der Festung angelangt. In einiger Entfernung standen oberhalb des Torweges auch die ersten Häuser. Vectimarus wählte jedoch einen Weg unmittelbar hinter der Mauer. Er wollte noch rasch zu der einzigen, in der Burg befindlichen Quelle hin.

„Au ja, jetzt ein guter Schluck frischen Quellwassers." Auch Pettia war durstig und folgte ihm rasch.

Da kam ihnen von dem höher gelegenen Burgplateau eine kleine, von einem Wächter begleitete Schar von Sklaven entgegen. Der mit einem Speer bewaffnete Gefangenenwärter trieb die Gefesselten ziemlich missmutig und lautstark an. „Schneller ihr Faulenzer, bewegt euch!", schalt er sie.

Die zerlumpten Gestalten erregten Pettias Mitleid, waren sie doch mit eisernen Fußfesseln[6] gefesselt. Außer, dass sie stark verschmutzt in ihren zerrissenen Kleidern steckten, kamen sie barfuß daher. Die Eisenringe um ihre Knöchel hatten ihre Haut bereits verletzt. Die roten Striemen waren teils entzündet, sodass die Männer mehr schleppend als aufrechten Ganges ihren Weg suchten.

Plötzlich stockten die Anwesenden in ihren Bewegungen. Denn unbemerkt von Pettia war eine alte Frau aus dem Hintergrund getreten. Sie war alleine schon aufgrund ihres Aussehens als Besonderheit zu erkennen. Denn außer ihrem reichhaltigen Bronzeschmuck und der auffallend bunten Kleidung trug sie eine fast unsichtbare, netzartige Kopfhaube aus sehr dünnem, feinstem Stoff auf dem Kopf. Das fein gesponnene Gewebe ließ den Blick auf ihr dahinterliegendes Gesicht frei. Pettia schaute sie mit etwas scheuem Blick an. Trotz ihres Alters musste sie einst eine wahre Schönheit gewesen sein, was man ihr trotz des mit tiefen Falten zerfurchten Gesichts ansah. Ihr Körper hatte immer noch die Gestalt einer jungen Frau und ihre Bewegungen waren von Leichtigkeit geprägt.

Vectimarus hieß Pettia sofort still zu stehen und der Frau Platz zu machen, wie im Übrigen alle anderen Anwesenden dies auch taten. Wie durch einen Zauber schien alles um die Alte herum wie in der Bewegung erstarrt. Selbst das Gezwitscher der Vögel und das Geblöke der Schafe schien verstummt. Die Alte erschien Pettia irgendwie unheimlich, vielleicht sogar etwas furchteinflößend. Dann aber doch wieder nicht, denn die nun herrschende Stille barg auch etwas Beruhigendes in sich. Ein Gefühl von Geborgenheit, begleitet von einer aufsteigenden Wärme, erfasste sie. Staunend sah sie der Alten entgegen, die sich, ohne den Umstehenden Achtung zu schenken, näherte. Einige der Leute, die wohl die seltsame Frau kannten, murmelten ihr etwas zu. Die Alte berührte daraufhin die Stirn derer kreisförmig mit dem Daumen ihrer rechten Hand. Scheinbar segnete sie die Leute?! Wie selbstverständlich kam sie dabei näher auf Pettia zu. Dann wandte sie sich aber den nicht weit von Pettia stehenden Sklaven zu, hielt an und ließ sich vor einem besonders elend Aussehenden der Gruppe auf ihre Knie nieder. Dabei bemerkte Pettia an ihrem Gürtel eine circa 10 Zentimeter im Durchmesser große, runde Büchse. Die war mittels eines geflochtenen Lederbandes an ihrem Gürtel befestigt. Auf der Mitte des Deckels erkannte man eine runde, sonnenförmige Scheibe, die scheinbar aus Knochen geschnitzt war.

Nun löste die Frau die Dose vom Gürtel und öffnete sie mittels einer kleinen, daran angebrachten Klappe. Mit ihrem Zeigefinger entnahm sie der

Dose eine gelbliche Salbe, deren Duft so wohlriechend war wie kaum etwas, das Pettia je gerochen hatte. Nicht nur verschiedene Kräuter wie Kamille und Schafgabe konnte sie an den Düften erkennen, sondern auch unterschiedliche Blumendüfte glaubte sie zu bemerken. Vorsichtig hob die Alte den eisernen Ring der Sklavenfessel an und besah sich dabei die eitrige Wunde. Nun betupfte sie diese vorsichtig mit der Salbe. Nachdem sie dies getan hatte, nahm sie aus einem kleinen Stoffbeutel erst noch ein frisches Blatt eines für Pettia unbekannten Strauches und legte es mit Bedacht auf die gesalbte Wunde. Dann ergriff sie ein schmales, sauberes Stofftuch und umwickelte damit die bedeckte Wunde, verknotete das Tuch, damit es sich nicht lösen und herabfallen konnte. Gleiches tat sie mit der Wunde am Bein eines weiteren Sklaven, die sich in einer fremden Sprache leise tuschelnd miteinander unterhielten.

Als die Alte fertig mit ihrer Arbeit war, bedankten sich die beiden verarzteten Männer mit „Gratias tibi, bona femina. Di tibi benedicant", was so viel bedeutet wie „Vielen Dank, gute Frau. Mögen die Götter dich segnen." Dabei verneigten sie sich ehrfürchtig vor ihr. Nun wusste Pettia, dass es sich bei den Sklaven um kriegsgefangene Römer handeln musste, denn sie sprachen Latein, die Sprache Roms.

Als die alte Frau sich erheben wollte, trat Pettia schnell an sie heran, und griff ihr unter den Arm, um ihr freundlicherweise beim Aufstehen zu helfen. Da schnellte der Kopf der Alten mit einem plötzlichen Ruck zu ihr herum. Pettia erschrak ebenso wie die Alte sich vor ihrer Berührung erschrocken hatte. Beide standen sie Angesicht zu Angesicht gegenüber und Pettia sah vor sich einen zweigeteilten Anblick. Während das eine Auge der Frau nur noch eine graue Fläche ohne Pupille und mit trübem Blick zeigte, blickte sie das andere Auge klar und wohlwollend an. Eine tiefblaue Pupille ließ Pettia erahnen, dass diese Frau viel Wissen in sich einte. Es musste sich bei ihr um eine Seherin oder Heilerin, vielleicht auch um beides in einer Person handeln. Der Gesichtsausdruck der Alten wandelte sich in ein leichtes Lächeln, während sie Pettia noch immer intensiv ansah.

„Danke dir, junge Mediomatrikerin", sagte sie, während sie ihre Sachen nahm. „Und, wie lautet dein Name?"

„Pettia", antwortete diese der Alten.

„Pettia, das bedeutet Friede. Das dachte ich mir“, sagte die Alte mit seltsamer Stimmlage und in sich gekehrtem Blick. „Die Götter mögen dich behüten, meine liebe Pettia“, wobei sie das Mädchen anlächelte, sich schließlich umdrehte, weiter den Weg zum Tor nahm, dieses passierte und sich somit dem Blick des Mädchens entzog.

Während sich die Umstehenden aus ihrer Starre lösten, fühlte sich Pettia immer noch angenehm benommen von der seltsamen Frau, die die Menschen derart in ihren Bann gezogen hatte. Ihr fiel auf, dass sogar der Wächter seine Sklaventruppe nun sichtlich behutsamer zum Weitergehen antrieb als zuvor.

Diejenigen, welche die Frau schon kannten, setzten ihren Weg schneller fort als Pettia. Denn sie musste das Erlebte erst verarbeiten und fragte den sie anblickenden Vectimarus daher: „Wer war das?“

Der meinte erklärend: „Das war die alte Heilerin. Sie stammt aus einem benachbarten Dorf. Genau genommen wohnt sie seit Menschengedenken abseits des Dorfes alleine in einer Hütte mitten im Wald. Geht man zu ihr, dann kennt sie nicht nur allerlei Heilkünste bei körperlichen Gebrechen. Sie weiß auch Rat in vielen alltäglichen Dingen wie Liebeskummer oder bei Schwermütigkeit. Ihr angeborenes blindes Auge soll ihr Einblick in die Anderswelt gewähren, sodass sie oft auch als Beraterin bei wichtigen Entscheidungen oder in Kriegsfragen hinzugezogen wird. Selbst kleine Anzeichen wie den Flug der Vögel oder die Formen der Wolken weiß sie als Boten aus der Zukunft zu deuten. Aber nahezu unglaublich sind ihre Heilkenntnisse. Damit hat sie auch meine Mutter im Kindesalter vor einer schweren Atemwegserkrankung gerettet. Jedenfalls hat mir meine Großmutter das so berichtet.“

„Und davon lebt sie also?“, wollte Pettia wissen.

„Nun, nicht direkt, denn sie stellt all ihre Dienste kostenlos in das Wohl der Menschen und Tiere. Noch nie hat sie etwas für ihre Hilfe verlangt. Aber es ist selbstverständlich, dass die Menschen sich durch freiwillige Spenden bei ihr bedanken. Jeder nach seinen Möglichkeiten. Noch immer hat sie genügend Speis und Trank aus der Bevölkerung erhalten; wenn ihre Hütte beschädigt ist, kommen die Männer aus dem Dorf und führen die notwendigen Reparaturen aus. Die Frauen weben den Stoff und nähen ihr die Kleider. Und die Dose, in der sie ihre Heilsalbe aufbewahrt, hat ihr vor langer Zeit einmal ein Wanderhandwerker aus Dank für seine Heilung geschenkt. Sie ist besonders wertvoll, denn selbst die Frau des Fürsten besitzt keine solche. Niemand weiß, wie alt die Heilerin ist. Selbst die Ältesten unseres Stammes behaupten, dass sie schon immer so ausgesehen habe wie heute. Übrigens, du bist gesegnet!", sagte er und blickte sie mit anerkennendem Blick an. „Denn eigentlich darf niemand die Alte ohne ihr vorheriges Einverständnis berühren. Seltsam, dass sie dir dies erlaubt hat! Aber wir müssen nun endlich weiter in die Burg hinein! Komm, lass uns gehen", meinte Vectimarus und wandte sich Richtung Burgtor.

Pettia schaute noch einmal zurück. Doch die Heilerin war bereits ihren Blicken entschwunden und mit ihr auch der geheime Zauber, der sie umgab. Heute Abend musste sie ihrem Tatis unbedingt von dieser seltsamen Begegnung erzählen.

„Woher die nur wissen konnte, dass ich eine Mediomatrikerin bin, wo sie mich doch noch nie zuvor gesehen hat?", dachte sie noch, als das hölzerne Eingangstor der Stadtburg vor ihnen auftauchte. Der über dem Tor angelegte Wehrgang war streng bewacht und niemand, der das Tor passieren wollte, konnte den Argusaugen der Wächter entgehen. Einige Passanten mussten anhalten und den Grund ihres Besuches preisgeben. Bei anderen wurden die Wagen oder mitgeführte Behältnisse auf ihren Inhalt hin untersucht. Ankommende Kriegergruppen wurden, sofern sie nicht bekannt waren, nach ihrer Herkunft und ihrem Anliegen befragt. Pettia und Vectimarus hingegen wurden ohne Beachtung durchgelassen.

„Komm", sagte Vectimarus, „wir gehen zur Quelle. Ich bin mittlerweile ganz schön durstig." Daher liefen sie nach links parallel der Wehrmauer, bis sie zur Ecke der Befestigung kamen, welche sie zuvor auf der Außenseite passiert hatten. Während Vectimarus sich kurz mit einem anderen, ihm bekannten Jungen unterhielt, ging Pettia die wenigen Meter weiter bis zu einer Senke, die als Zisterne und Wasserspeicher ausgebaut war. Eben wollte sie sich bücken, um von dem darin gespeicherten Wasser zu trinken, als sie Vectimarus Stimme vernahm.

„Halt, nicht davon trinken!", rief er. „Das Wasser trinken normalerweise nur die Tiere oder Sklaven. Lass uns nach oben zur Quelle gehen. Dort ist das Wasser frisch und klar." Und schon lief er vor ihr den Hang hin-

auf, bis sie eine munter sprudelnde Quelle erreichten, an deren gut schmeckendem Wasser sie sich labten. So gestärkt folgten sie dem Weg, der zum eigentlichen Bergplateau führte, wo sich auch die meisten Wohnhäuser und Werkstätten befanden. Im Bereich unmittelbar hinter den Festungsmauern hatte man wohl absichtlich noch auf Gebäude verzichtet, um im Verteidigungsfall die Krieger einsetzen zu können. So konnten diese sich schneller hin und her bewegen, gerade dorthin, wo sie auf der Wehrmauer gebraucht wurden. Lange, mehrgeschossige Treppen, aber auch Leitern führten auf diese hinauf. Dies war ein Unterschied zur Situation unten am Tor. Dort konnte man die Verteidigungsmauer aufgrund des Hanges bequem von hinten besteigen, während man diese hier hinaufklettern musste. Überall befanden sich Materiallager mit Balken, Hölzern oder Steinen, die für die Arbeiten an der Mauer benötigt wurden. Ein geschäftiges Treiben bestärkte auch hier den Eindruck der enormen Anstrengungen, die man auf sich nahm, um die Festung noch sicherer zu machen. Verschiedenste Geräusche wie Klopfen, Hämmern, Sägen, aber auch die Rufe der arbeitenden Menschen und Tiere untermalten diesen Eindruck.

„Komm! Lass uns weiter gehen!“, sagte Vectimarus, denn in einigem Abstand zur Mauer begann nun die eigentliche Innenbesiedlung.

„Der Abstand ist extra so gewählt, damit feindliche Truppen die Häuser nicht mit ihren Geschossen in Brand setzen und damit die Verteidiger auch schneller gefährdete Mauerbereiche erreichen können“, meinte Vectimarus noch, als er schon auf die ersten Häuser zueilte. Die bestanden aus einem Sammelsurium verschiedenster Gebäude wie Wohnhäusern, aber auch Werkstätten und Vorratsspeichern. Sie hatten gerade die ersten Gebäude passiert, als das Geschehen auf einer Hangterrasse ihre Aufmerksamkeit auf sich zog. Dort stand, umgeben von einer mannshohen Holzpalisade, eine kleine Gruppe von Gebäuden, deren größtes als besonderer Bau erkennbar war. Über dem Eingangstor prangte nämlich eine Staffage aus erbeuteten Kriegswaffen. Rechts und links waren diese flankiert von weiteren Beutegegenständen.

Noch bevor Pettia etwas fragen konnte, sagte Vectimarus schon, nicht ohne einen bewundernden Ton in seiner Stimme: „Dort wohnt unser großer Fürst Indutiomarus!“, und zeigte zur Verdeutlichung seiner Worte mit der Hand in Richtung des großen Gebäudes. „Nur mit Erlaubnis darf man seinen näheren Wohnbereich betreten.“

Ein vor dem Hofeingang wachender Krieger machte dies sehr deutlich. Pettia konnte schon aus der Entfernung sehen, dass der Mann von großer, furchterregender Statur war. Dennoch war ihre Neugierde geweckt. So viel hatte sie in den letzten Tagen von diesem Fürsten gehört. Nur zu gerne würde sie deshalb einmal einen Blick auf ihn werfen.

„Bist du verrückt?!“, antwortete Vectimarus erschrocken, als Pettia ihm die Frage stellte, ob man nicht einmal zu dem Haus des Fürsten gehen könnte. „Erstens denke ich, dass der Fürst wohl anderes zu tun hat, als sich uns zu zeigen, und zweitens“, sagte er und wies auf den Wachposten am Eingang, „siehst du den Wachposten da vor dem Zaun stehen? Das ist Orgetos, der gefürchtete Orgetos! Der gilt nicht nur als todesmutiger Krieger, sondern auch als einer, mit dem nicht gut Kirschen essen ist. Der hat mir mal mit seiner Lanze einen Schlag auf den Hosenboden versetzt, nur weil ich nicht schnell genug den Weg freigemacht habe, als er an unserer Taverne vorbeigeritten ist. Daran kann ich mich noch bestens erinnern. Und ich sag dir, mit dem möchte ich nicht noch mal Bekanntschaft machen!“

Dies sagte er mit groß aufgerissenen Augen und derart wild gestikulierend, dass Pettia beinahe lachen musste. Doch sie wusste, wenn sie nun lachen würde, wäre Vectimarus sicher beleidigt und gekränkt. Daher verkniff sie sich diese Reaktion lieber. Und überhaupt, wenn der Hüne da hinten schon Orgetos, der Gewalttätige oder so, hieß, na dann würde an seiner Gefährlichkeit schon was dran sein. „Und das sollte man wohl besser nicht austesten“, dachte sie.

Gefangen

Das große Haus mit dem geschmückten Portal war das Versammlungsgebäude des Stammes. Es diente der Örtlichkeit für wichtige Beratungen und Versammlungen. Es war wie alle anderen Häuser erbaut. Auf einer auf dem Boden liegenden Lage von Balken stand ein fachwerkähnliches Gerüst aus Holzbalken, dessen Zwischenräume mit einem Flechtwerk ausgefüllt waren, das wiederum mit einer Lehmschicht überzogen war. Das Dach war mit Holzschindeln bedeckt. Daneben gab es aber auch Gebäude mit einer Schilfabdeckung. Ein kleineres, nicht minder prächtiges Haus stand unweit davon. Es diente dem Fürsten als Wohnsitz, wenn er auf der Burg anwesend war. Die meiste Zeit des Jahres residierte dieser aber auf seinem prächtigen Hofgut unten im wärmeren Tal, wie Vectimarus erzählte. Umgeben war der gesamte fürstliche Wohnbereich mit einem Zaun aus Holzlatten. Dieser machte jedem Ankömmling deutlich, dass man gefälligst auf die Aufforderung zum Eintritt zu warten hatte. Mit Erschrecken erkannte Pettia nun auch die Details der Trophäen, welche die Eingangsseite des Gebäudes zierten. Neben zahlreichen erbeuteten Waffen wie Schilden und Speeren hingen hier nämlich auch die Schädel besiegter Feinde. Manche waren schon sehr lange dort angebracht, ohne Augen, mit gegerbter Haut. Andere, knöcherne Schädel schauten blind auf den Thingplatz herab. Sie demonstrierten dem Eintretenden ehrfürchtig den Sieg und Mut sowie die Kampfeslust des Stammes und seines Häuptlings. Man glaubte nämlich, dass die Kraft der Toten auf den Sieger übergehe und dessen Mut erhöhe. Pettia jedenfalls gruselte es schon beim bloßen Gedanken an die ekelhaft aussehenden Trophäen und an die Seelen der Bedauernswerten, die nun wahrscheinlich zwischen Diesseits und Jenseits herumirrten und niemals den Eingang zur Anderswelt finden konnten.

Trotzdem wurde Pettias Neugier weiter geweckt, denn aus der Versammlungshalle hörte man undeutliches Geschrei. Die darin versammelten Häuptlinge und Adeligen schienen einen Streit auszutragen. Stimmengewirr trat an ihr Ohr und steigerte sich zu einer enormen Lautstärke, als eine donnernde Stimme alle anderen übertraf.

„Ruhe, zum Donnerwetter!“, befahl eine dunkle, energische Stimme, deren Eindringlichkeit selbst Pettia und Vectimarus den Ernst der Lage unschwer klarmachte. Abrupt verstummte das Geschrei im Innern der Halle, doch die weiteren Worte der Beredung konnten sie hier draußen nicht verstehen, zudem das Gewieher einiger in der Nähe an einem Pflock festgebundener Pferde alles andere übertönte.

Leise wisperte Pettia Vectimarus ins Ohr: „Los, komm, das müssen wir uns näher ansehen!“

Und bevor dieser noch etwas erwidern konnte, war sie auch schon losgerannt. Insgeheim hoffte sie auch, dass er sie für ihren Mut bewundern würde. Natürlich war ihr nicht ganz wohl bei dem, was sie jetzt vorhatte. Es war ihr schon bewusst, dass es verboten war, die Versammlung zu stören oder zu belauschen. Vectimarus hatte das Gefühl, als hätte ihm eine Ziege ihre Hörner in den Bauch gestoßen, denn schon war Pettia an der hinteren Seite des Zaunes angelangt und winkte ihn hastig zu sich. Doch was sollte er tun? Schließlich war er der Mann und durfte somit keine Furcht zeigen. Er wollte sich nicht später als Angsthase beschimpfen lassen, auch wenn ihm klar war, dass das, zu was seine Freundin ihn hier anstachelte, böse für sie enden könnte. Dennoch nahm er all seinen Mut zusammen und lief gebückt zu ihr. Außerdem, wenn er es sich wirklich eingestand, war auch seine Neugierde auf das, was sich in der Thinghalle abspielte, geweckt. Und schon wurde das Geschrei in dem Gebäude wieder hitziger, wodurch auch die Aufmerksamkeit der Wache abgelenkt war. Pettia wollte unbedingt den „großen Fürsten“, wie er in der Bevölkerung auch genannt wurde, einmal mit eigenen Augen sehen.

Also schlich sie weiter an der hinteren Zaunseite entlang, drehte sich dabei mehrmals um. Sie wollte dadurch sichergehen, dass sie von niemandem beobachtet wurde. Vor allem nicht von dem grimmigen Wachtposten vorne am Eingang! Mit dem wollte sie lieber keine Bekanntschaft machen. Dennoch, einerseits die Angst entdeckt zu werden, andererseits die Neugierde – das ergab ein prickelndes Gefühl in Kopf und Nacken, was sie wie elektrisiert weitermachen ließ. Vectimarus folgte ihr ganz still und machte sich immer kleiner dabei. Ihm war im Unterschied zu seiner Freundin sehr, sehr mulmig bei dem, was sie hier taten. Zumal da vorne am Eingang Orgetos stand. Ausgerechnet der! Pettia begann ein lockeres Brett des Zaunes vom unteren Querholz zu lösen. Und zwar so, dass man das Brett etwas zur Seite schieben, hindurchschlüpfen und es anschließend wieder in seine ursprüngliche Position bringen konnte. So würde niemandem etwas auffallen. Zum Glück waren auch keine Wachhunde in Sicht. Das hatte sie ganz vergessen, denn zu jedem Haus gehörte ja auch mindestens ein Hund. Und die wachten mit scharfen Augen und Ohren über ihr Territorium. Und wer das unerlaubt betrat – nun, da konnte man schon ins Überlegen darüber kommen, was schlimmer war – der Wachmann Orgetos oder die Hofhunde. Da fing plötzlich auch schon ein Hund an, wütend zu bellen. In sein Kläffen fielen noch mindestens zwei weitere Hunde ein. Vectimarus lief es eiskalt den Rücken runter. Er sah zu der Lücke im Zaun. Sollte er ...?

Doch da flüsterte Pettia hastig: „Die Hofhunde haben einen anderen Hund auf dem Weg draußen erkannt und gestellt. Jetzt zanken sie sich mit dem und wir können ungestört einen Blick auf die Versammlung und den Fürsten erhaschen.“ Sie hörte noch die Wache losbrüllen, von wegen „Mistköter“ und so. Dann sah sie, wie er wütend seinen Speer nach den Hunden schwang, um diese zu vertreiben. Doch die bellten nur noch lauter und zankten sich jetzt mit der Wache und dem fremden Hund gleichermaßen. Die Gelegenheit war günstig, wenn nicht jetzt, wann dann?!

„Los komm!“, flüsterte Pettia hastig.

Und schon lief sie über den Hof zur rückseitigen Wand des fensterlosen Versammlungsgebäudes. Der Lärm aus dem Innern ließ darauf schließen, dass das Treffen immer noch sehr hitzig vonstattenging. In der Halle schien sich keiner um das Gekläffe der Hunde zu scheren. Dort war vielmehr eine hitzige Diskussion im Gange. Leider konnten weder Vectimarus noch Pettia viel verstehen, denn alle redeten schon wieder trotz der Ermahnungen gleichzeitig und durcheinander. Einige der Anwesenden brüllten gar und zudem war da ja noch das Bellen der Hunde. Pettia konnte nichts von dem verstehen, was da drinnen vor sich ging. Sie konnte auch nichts sehen, denn Fenster gab es nicht. Wollten sie und ihr Freund etwas sehen, so mussten sie zur Eingangstür. Aber sich dorthin zu schleichen, war ihr nun doch zu gewagt. Zumal der angstvolle Blick von

Vectimarus ihr klarmachte, dass sie eh schon in ihrem Handeln übertrieben hatte. Als die Hunde nach einem Steinwurf des verärgerten Wachmannes und einem klagenden Aufjaulen endlich verstummten, konnten sie wenigstens einige wenige Worte verstehen. Worte wie „Krieg", „römische Blutsauger" und „Feldzug" konnten sie aus dem erregten Gestreite heraushören. Kaum vernahmen sie noch das gebrüllte Wort „Verräter" und „römischer Speichellecker", als auch schon die Vordertür aufflog und der Schwiegersohn von Indutiomarus, Fürst Cingetorix, mit einigen seiner Adeligen wütend aus dem Haus stampfte. Vectimarus hatte diesen schon mehrmals zuvor bei anderen Anlässen gesehen, sodass er ihn sogleich erkannte.

Nun wurde es ihnen doch zu gefährlich und eben wollten Pettia und Vectimarus genauso heimlich verschwinden, wie sie gekommen waren, als sie auch schon der Wachposten ergriffen hatte. Wieder von den Hunden zum Versammlungshaus zurückgekehrt, hatte er sie an der Wand kauern sehen. Währenddessen verließ nun auch Fürst Cingetorix das Haus. Orgetos‘ knurrendes Schnaufen ließ sie urplötzlich aufschrecken. Zu spät, es gab keine Fluchtmöglichkeit mehr. Der hatte sie mühelos mit seinen starken Händen, die groß wie die Pranken eines Bären waren, im Genick gefasst. Vectimarus hatte das Gefühl, als hätte man seinen Nacken in einen Schraubstock gespannt. Orgetos hob sie mühelos in die Höhe, sodass sie wie zwei Hasen wild zappelnd in der Luft hingen. Kalte Angst stieg urplötzlich in Pettia auf. „Was hab ich da nur für einen Blödsinn gemacht“, dachte sie, als ihr schon Tränen vor Schmerz und Scham in die Augen stiegen. Und dann kam auch noch ein weiterer adeliger Anführer in prächtiger Kleidung aus der Hütte heraus und geradewegs auf sie zu. Das konnte nur Fürst Indutiomarus ein, der mit noch wutverzerrtem, rotem Kopf auf sie zukam. Er war ein hochgewachsener Mann mittleren Alters mit dichtem, dunkelblondem Haar und grauen Schläfen. Die Würde seines Auftretens war unverkennbar, auch wenn sein Gesicht noch die Spuren der vorausgegangenen, hitzigen Diskussion zeigte. Über seinem linken Auge verlief eine lange, gerade Narbe, die von einem Zweikampf herrührte, der allerdings schon Jahre her sein musste. Ein langer, geflochtener Schnurrbart verlief bis zu seinem Kinn hinab. An dessen Enden war jeweils eine kleine Perle in die Barthaare eingeflochten. Sein prächtiger, leichter Fellmantel wurde von zwei silbernen Fibeln zusammengehalten, die mit einer feingliedrigen Kette verbunden waren. Als Zeichen seines Kriegerstandes trug er einzig einen goldenen Torques. Voller Wut wandte sich sein Blick erst Vectimarus und dann Pettia zu. Beide hatten sie das Gefühl, der stahlharte Blick seiner tiefblauen Augen würde sich in sie hineinbohren, um den Grund ihres Vergehens aus ihrem Innersten auszugraben.

Nur einen Moment – oder war es eine Ewigkeit? – ruhte dieser Blick auf ihnen, bevor Indutiomarus sie mit seiner eisernen Stimme ansprach, einer Stimme, die wahrlich keine Widersprache duldete: „Das sieht euch ähnlich, Cingetorix! Habt ihr nun auch noch Kinder als Spione eingesetzt! Kommt hierher, um für die verhassten Römer Werbung zu machen und während ihr uns mit eurem Gift infiziert, räubert ihr unser Hab und Gut mittels der Hilfe von halbwüchsigem Diebesgesindel.“ Cingetorix, Pettia und ihr Freund waren gleichermaßen verblüfft. Dachte Indutiomarus wirklich, sie seien von Cingetorix ausgeschickte Diebe? Pettia war, ebenso wie Vectimarus, schier zu Stein erstarrt. Keiner von beiden konnte vor Angst auch nur einen Ton herausbringen.

„Mein Fürst, ich kenne den Jungen“, sagte da Orgetos, der Wachmann, dessen Hände immer noch wie geschmiedetes Eisen um die Nacken von Vectimarus und Pettia lagen. „Er ist der Neffe des Aufsehers aus eurer Erzgrube, zu Füßen der Burg. Ich habe sie erwischt, wie sie an eurer Hütte gelauscht haben! Ich glaube aber nicht, dass sie etwas stehlen wollten.“ Fürst Indutiomarus starrte den beiden mit bösem, intensivem Blick in die Augen. Pettia hatte das Gefühl, diesem nicht standhalten zu können. Wie gerne wäre sie im Erdboden versunken oder unsichtbar geworden. Denn auch jedermann aus der Thingversammlung, jeder der Häuptlinge und hohen Krieger, die in der Halle versammelt waren, war mittlerweile nach draußen gekommen, um zu sehen, was da vor sich ging. Und alle starrten, meist mit bösem Blick, auf die beiden Jugendlichen.

Doch dann wandelte sich der Blick des Indutiomarus. Anscheinend erkannte er nun Vectimarus oder erinnerte sich zumindest an dessen Onkel Siretos. Er blickte nicht mehr länger wütend, sondern nur noch streng auf sie herab. Seine Wut war ja auch vielmehr das Ergebnis der fruchtlosen Verhandlungen mit seinem unbelehrbaren Schwiegersohn gewesen, als dass er den beiden neugierigen Kindern hätte so böse sein können. Natürlich wusste er, dass die beiden keine Diebe waren. Sie als Diebe zu bezeichnen, hatte er vielmehr aus seiner Anspannung heraus, leichtfertig und ohne zu überlegen, gesagt. „Lass die beiden los, wir haben wirklich Wichtigeres zu tun“, befahl er daher dem Wächter.

Daraufhin beförderte Orgetos die beiden Eindringlinge höchst unsanft vor den Zaun, wo sie sich, auf ihrem Allerwertesten sitzend, wiederfanden. Zugleich gab er ihnen noch den Ratschlag, sich ja nicht wieder erwischen zu lassen.

„Das hätte er sich sparen können“, war der erste klare Gedanke, den Pettia fassen konnte, nachdem der größte Schrecken sich gelegt hatte. „Hier komme ich ganz sicher nicht wieder her.“

Vectimarus hingegen ließ nur ein lang gezogenes „Uffff!“ vernehmen, was sehr gut zu seinem hochroten Kopf passte.

„Da haben wir aber Schwein gehabt“, sagte er, als er sich nach einigen Minuten als erster von beiden wieder vom Boden aufrappelte. Mühsam stand er auf und klopfte sich den Schmutz von der Kleidung. Auffällig lange fingerte er an seiner Kleidung herum, denn er wollte nicht, dass Pettia das Schlottern seiner Beine bemerkte. Die Angst steckte ihm immer noch tief in den Knochen. „Lass uns von hier verschwinden! Wenn mein Vater das erfährt, kann ich mich garantiert auf einen heißen Hosenboden gefasst machen."

Pettia blickte ihn ernst an. Erst langsam, dann mehr und mehr verzog sich dabei ihr Gesicht. Schließlich verfiel sie grinsend in ein leises Glucksen. Zuletzt ging auch dies mehr und mehr in ein lautstarkes, herzhaftes Lachen über.

„Was lachst du denn so blöde?", fragte Vectimarus verärgert.

„Über deinen heißen Hosenboden", erwiderte Pettia und lachte so befreit, dass letztendlich auch Vectimarus nicht anders konnte als mitzulachen. Das Lachen war eine Erlösung von der vorhergehenden Anspannung im Klammergriff des bärenhaften Orgetos und im Angesicht der Adeligen.

Prustend entfernten sie sich vom Ort ihrer Schrecken und machten sich weiter zum Schmied, wegen dem sie ja eigentlich in die Burg gekommen waren.

So konnten sie auch nicht mehr mitverfolgen, dass der Streit der Fürsten und Anführer vor der Thinghalle von Neuem ausbrach. Es ging wohl darum, dass Indutiomarus und seine Anhänger der Gruppe um Cingetorix vorwarfen, sich von den Römern kaufen zu lassen und so Verrat an ihrem Volk begingen. Cingetorix hingegen klagte Indutiomarus an, in seinem Starrsinn zu verkennen, dass die Zukunft denen gehörte, die mit den schlauen und siegreichen Römern paktierten. Die Fronten zwischen den beiden Parteien schienen so verhärtet, dass niemand bereit war, auch nur einen Schritt auf den anderen zu zugehen. Die Anwohner der umliegenden Hütten befürchteten sogar einen Kampf und verschwanden entweder in ihren Häusern oder legten ihre Waffen bereit, falls man sie zu Hilfe rief.

Opfergaben

Pettia und Vectimarus hatten mittlerweile das Plateau des Berges erreicht und ihren Schrecken überwunden. Überall standen Gebäude, um die ein geschäftiges Treiben zu sehen war. Bedingt durch die vielen, zum Thing angereisten Stammesgruppen, standen auf den freien Plätzen allerlei Wagen und Zelte, die das Bild eines vorübergehenden Heerlagers boten. Meist warteten die Männer auf die Rückkehr ihrer am Thing teilnehmenden Anführer. Sie widmeten sich derzeit der Pflege ihrer Ausrüstung und Waffen und übten sich in deren Gebrauch, indem sie sich beispielsweise im Zielewerfen maßen. Eine Gruppe Krieger vom großen Fluss, dem Rhenus, übte sich dagegen im Umgang mit der Schleuder. Einer von ihnen, ein langer, schlaksiger Kerl, schwang gerade das lange Lederband mit eingelegtem Geschoß kreisförmig über seinem Kopf, um Schwung zu holen. Mittig des Lederbandes befand sich ein korbartiges breiteres Lederstück, in dem ein in Form und Größe einem Taubenei ähnelnder Kieselstein lag. Damit schleuderte der Werfer den Stein in Richtung eines circa 20 Meter entfernten Eimers, der auf einem Stapel Feuerholz stand. Mit einem lauten Krachen traf der Stein den Eimer und beförderte diesen auf den Boden. Unter lautem Johlen hielt einer der Männer den Eimer anerkennend in die Höhe. Der hatte nun ein deutlich sichtbares Loch in seiner Wandung.

„Man sollte die Gefährlichkeit der Schleuder als Waffe nicht unterschätzen“, bemerkte Vectimarus beiläufig. „Normalerweise sind die Geschosse aus gebranntem Ton und selbst die zertrümmern beim Aufprall locker den ungeschützten Schädel eines Gegners.“ Eine ältere Frau, der wohl der zerstörte Eimer gehörte, fing an, über die daraufhin laut lachenden Krieger zu schimpfen. Verärgert nahm sie dann aber doch eine der kleinen Münzen, die ihr der Schleuderschütze entgegenhielt. Es war wohl eine der kleinen Bronzemünzen, die er ihr gab, denn sie glänzte goldfarben im Sonnenlicht. Eine richtige Goldmünze wäre als Gegenwert eines Eimers viel zu gut bezahlt gewesen. Nur sehr Reiche besaßen überhaupt Goldmünzen. Gewiss hatte Indutiomarus einen Schatz aus vielen Münzen in seiner Halle aufbewahrt. Er besaß ja auch als einer der wenigen das Recht, eigene Münzen prägen zu lassen. Vielleicht hatte auch Cingetorix noch das Recht hierzu, aber das wussten sie nicht.

Pettia hatte letztens eine solche Goldmünze im Beutel ihres Vaters gesehen. Die aus dem Trevererland stammende schwere Münze trug auf der einen Seite das Bildnis eines Pferdes über einer Sonne. Auf der anderen Münzseite hatte sie als Bild eine Art magisches Auge erkannt.

In Divodurum hatte sie sogar schon einmal gesehen, wie die Münzen hergestellt wurden. Erst hatte ein erfahrener Münzschneider in eine Art Stempel das Münzbildnis eingearbeitet. Das musste ein wahrer Könner sein, denn schließlich waren die Münzen winzig klein. Die Kleinste, die sie je gesehen hatte, war ein sogenannter Obol. Der war nur wenige Millimeter groß und das Bildnis der Münze damit kaum erkennbar. Dann war das flüssige Metall, in dem Fall geschmolzene Bronze, in eine tönerne Form gegossen worden. In der Form befanden sich mehrere Vertiefungen vom Durchmesser der späteren Münze. So entstand also der Rohling. Dieser wurde dann auf einen Prägestock mit dem Unterteil des Münzbildes gehalten. Auf ihn wurde der Stempel der anderen Münzseite gelegt. Mit einem schweren Hammer schlug der Münzpräger fest auf die obere Stempelhälfte, sodass sich auf dem Rohling das Bildnis beider Seiten abbildeten. Es gab aber auch noch eine andere Münzart, die Potine genannt wurde. Diese waren aus einer Legierung aus Bronze und Zinn hergestellt. Und natürlich gab es auch solche aus Silber.

Der Münzmeister in Divodurum hatte ihr auch verraten, dass die Münzen noch nicht sehr lange bei den Kelten in Gebrauch seien. Keltische Söldner in griechischen Diensten hätten sie dort erstmals kennengelernt und als neues Zahlungsmittel mit zurück nach Gallien gebracht. Ein sehr schönes Exemplar hatte Pettia gestern erst bei ihrem Vater gesehen. Auf dieser war ein kleines, tanzendes Männlein zu sehen gewesen. Überhaupt betrachtete sie die Münzen sehr gerne. Je nach Prägeort hatten die einzelnen Stämme ihre speziellen Prägungen mit den verschiedensten Bildern von Menschen und Tieren, aber auch von religiösen Symbolen. Da war es für sie von Vorteil, dass ihr Vater und Onkel als Händler weit herumkamen und deshalb auch immer wieder neue Stücke mitbrachten. Aber sie selbst? – Nein, sie besaß keine Münzen. Wenn sie etwas Besonderes brauchte, wie zum Beispiel neue Kleidung, dann wurde die meist selbst genäht und nur im seltensten Fall wurde mal etwas bei einem Händler gekauft.

Mittlerweiler hatten sie auch das vorhin an der Thinghalle erlebte Geschehen hinter sich gelassen. Klar, die Schmach erwischt worden zu sein, saß ihnen beiden noch in den Knochen. Aber mittlerweile konnten sie sogar über das Erlebte Witze reißen.

„Du hast ausgesehen wie ein Hühnchen, das zur Schlachtbank gebracht wird. Wild mit seinen Flügeln zappelnd und laut gackernd!“, sagte Vectimarus zu Pettia.

Diese erwiderte lachend: „Und du sahst aus wie ein quiekendes Schweinchen, dessen letzte Stunde geschlagen hat. Dein Kopf hatte die Farbe einer platzenden, reifen Kirsche!“

„Oh ja, mein Kopf, erinnere mich nicht daran. Der und vor allem mein Hals tun mir vielleicht weh! Als wäre ich tagelang wie ein Ochse vor einem Transportwagen angeschirrt gewesen und hätte diesen einen hohen Berg hinaufziehen müssen“, sagte er und rieb sich kräftig seinen mittlerweile steifen Hals. „Lass uns da vorne etwas Wasser holen. Damit benetzen wir die beiden Tücher in unserem Korb und wickeln sie uns um den Hals. Mir erging es schließlich auch nicht besser als dir. Das kühlt und lindert die Schmerzen!“, meinte Pettia darauf.

„Oh ja, lass uns das tun“, willigte Vectimarus ein. Tatsächlich wirkte das feuchte Tuch angenehm kühlend und schmerzlindernd. In ihrer Nähe befand sich eine kleine Überdachung, um die herum zahlreiche flache Erdkuppen aufgeworfen waren. Es waren verfüllte Erdlöcher, in welche Gläubige Weihegaben für die Götter niedergelegt hatten. Die Überdachung selbst diente als Tempel. Inmitten dieser stand eine hölzerne Götterfigur, die einen aufrecht stehenden Gott zeigte. Vor diesem standen auf einem steinernen Podest mehrere Holz- und Tongefäße, in welchen sich verschiedene Obst- und Gemüsearten, aber auch Getreidehalme befanden. Diese dienten nicht nur den Göttern als Nahrung, sondern sie sollten diese auch gütig für eine reiche Ernte stimmen. Und derzeit fand ja gerade die diesjährige Getreideernte statt.

Während sie sich ausruhten, beobachteten sie eine Familie, die eine Grube[7] mit Spendengaben für die Götter befüllte. Erst legte eine Frau, wohl die Mutter der Familie, einige Tongefäßscherben vorsichtig in der Grube nieder. Der religiöse Ritus verlangte es, dass sie nur die oberen Randstücke des zuvor bewusst zerschlagenen Gefäßes in die Erde legte. Zusammen mit den beiden älteren Kindern, einem kleinen Jungen und einem Mädchen im Alter Pettias, murmelten die drei einige unverständliche Gebete mit Heils- oder Segenswünschen an die Götter. Als sie dies beendet hatten, legte der am Boden kniende Vater ein etwa 40 Zentimeter langes, eisernes Hiebmesser mit krummer Klinge in die Grube. Unter zahlreichen Verbeugungen murmelte nun auch er ein Gebet und pries dabei die Götter des Heils und auch der Jagd. Zuletzt reichte die ältere Tochter dem Vater ein kleines Amulett aus Bronze. Das nur wenige Zentimeter im Durchmesser große Rädchen hatte vier Speichen und war ein gerne verwendetes Symbol für die Sonne. Vermutlich wollte die Familie damit um günstiges Wetter oder einen milden Winter bitten.

Nur mithilfe gnädiger Götter konnte man die kommende, oftmals raue und gefahrvolle Winterzeit unbeschadet überstehen. Die hohe Feuchte während des Winters hatte schon so oft die Vorräte verderben lassen. Wenn dies geschah, so musste man hungern und konnte nur auf einen raschen Frühling hoffen. Wenn die Götter aber nicht gnädig gestimmt waren und den Frühling hinauszögerten, dann mussten oftmals viele Menschen den Hungertod sterben. Vor allem die Alten und die kleinen Kinder waren davon betroffen. Das auf dem Rücken der Mutter in einem Tragetuch schlafende Kleinkind war naturgemäß am stärksten gefährdet. So waren vor drei Wintern die kleine Schwester einer Freundin von Pettia und deren Mutter an Hunger gestorben.

Der Zweikampf

Während die Freunde noch den Leuten bei ihren Opferhandlungen zusahen, hetzte ein alter Krieger mit kleinen tippeligen, aber schnellen Schritten an ihnen vorbei in Richtung der Thinghalle. Seinem keuchenden Atem zufolge, befand er sich in großer Eile. Vermutlich hatte er etwas wichtiges zu berichten, denn er reagierte noch nicht einmal auf den Zuruf eines Mannes, der ihn vorbeihasten sah und ihm ein munteres „Hallo Voredos“ zurief. „Lauf nicht so schnell! In deinem Alter sollte man sich lieber auf eine gemütliche Gangart besinnen, als einem jungen Pferd gleich umher zu springen!“

Der Alte namens Voredos war wohl in bedeutender Mission unterwegs zur Thinghalle. Jedoch wusste er nicht, was ihn dort erwarten sollte. Denn seit Vectimarus und Pettia von dort verscheucht worden waren, hatten sich die Ereignisse dramatisch zugespitzt. Es war allen Anwesenden des Things klar, dass die beiden Parteien der Romgegner und Romfreunde sich unversöhnlich gegenüberstanden und keiner bereit war, auch nur einen Schritt auf den anderen zuzugehen. Eigentlich war dieser Streit das Ergebnis eines jahrelangen, unterschwelligen Hasses der beiden mächtigsten Männer im Trevererstamm aufeinander. Cingetorix, der vor Jahren die Tochter des Indutiomarus namens Argelia geheiratet hatte, um mehr Macht zu erlangen, hatte schon immer mit den Römern geliebäugelt, da er deren Lebensart und Wohlstand bewunderte. Indutiomarus hingegen hatte Zeit seines Lebens die in seinen Augen überheblichen und hinterhältigen Römer verachtet. Er war bereit, die althergebrachten, jahrhundertealten Traditionen seines Volkes und dessen Freiheit zu verteidigen. Er wusste, dass Cingetorix heimlich mit den Römern paktierte, hatte aber immer noch darauf gehofft, dass er diesen dazu bringen könnte, sich auf seine Herkunft und Traditionen zu besinnen. Doch dieses Zusammentreffen hatte gezeigt, wie tief die Kluft zwischen den beiden und ihren Anhängern war.

Alles lief darauf hinaus, dass Cingetorix Indutiomarus nicht beim Kampf gegen die Römer unterstützen würde. So viele andere Keltenstämme, selbst die verwandten Germanen jenseits des Rheines, hatten Indutiomarus ihre Unterstützung für den Kriegsfall zugesichert. Doch in den eigenen Stammesreihen erschien Indutiomarus die Hoffnung, eine Geschlossenheit erreichen zu können, als zunehmend gering. Wie oft hatte er es schon bereut, dass er Cingetorix durch die Heirat mit seiner Tochter eine solche Machtfülle hatte zukommen lassen. Der herrschte nun über den nordwestlichen Teil des Treverer Reiches. Es waren die Gebiete, die an das Stammesgebiet der Remer[8] im Westen und der Belger im Nordwesten grenzten. In den Hallen seiner Burg gingen die römischen Unterhändler und Geschäftemacher wie alte Bekannte ein und aus. Folglich hatte Indutiomarus seinen Schwiegersohn und andere Fürsten zu diesem Thing geladen, um ein letztes Mal zu versuchen, alle Teilstämme gegen die Römer zu vereinen. Doch Cingetorix befürwortete insgeheim ein Paktieren mit den Römern gegen seine keltischen Brüder. Dies sagte er natürlich niemals öffentlich während einer Versammlung, hätte dies doch als Hochverrat gegolten und ihm sofort die Todesstrafe eingebracht. Er und seine Anhänger hielten dieses Handeln zudem für klüger und weitsichtiger. Wie oft schon setzten die Römer dies als Taktik unerfüllbarer Versprechungen ein und stets fielen die Kelten wieder darauf herein. Dass sie damit den Römern in die Falle gingen, war ihnen nicht bewusst zu machen. Indem diese nämlich die keltischen Stämme untereinander entzweiten, konnte Caesar sie nacheinander unterwerfen.

So kam es, dass, kaum als Pettia und Vectimarus verschwunden waren, sich einer der jüngeren, adeligen Krieger des Cingetorix, ein richtiger Hitzkopf namens Galedrix, auf spöttische Weise über den Leibwächter des Indutiomarus, Orgetos, herzog. Der aus unzähligen Kämpfen erfahrene Orgetos hatte sich zunächst nichts anmerken lassen. Denn sein Fürst hatte schon vor dem Treffen seine Männer zu einem besonnenen Auftreten gemahnt. Er hoffte ja zu diesem Zeitpunkt noch immer darauf, Cingetorix für seine Sache gewinnen zu können. Aber Galedrix hatte Orgetos weiter mit abfälligen Bemerkungen über dessen bärenhaftes Aussehen und den Vorfall mit den beiden Jugendlichen gereizt.

Orgetos wandte sich daraufhin von ihm ab und ließ nur noch den Satz „Scher dich zu deinen römischen Schankweibern, du dummer Junge“ hören.

Auf eine ebensolche Bemerkung hatte Galedrix aber nur gewartet. Von hinten verpasste er dem Orgetos einen heftigen Stoß ins Kreuz, sodass dieser nach vorne stolperte und beinahe in eine schmutzige Pfütze gefallen wäre. Als Orgetos sich umdrehte, sah man seinem wutentbrannten Gesicht an, dass seine Geduld nun am Ende war. Die Tat des Galedrix konnte er nicht ungeschoren lassen, ohne dass sein Ansehen unter den anderen Kriegern darunter gelitten hätte. Selbst sein Fürst konnte nun nicht mehr eingreifen, denn eine persönliche Beleidigung konnte nur unter den Kontrahenten selbst ausgetragen werden. Niemand hatte ein Recht, sich in diesen Zwist noch einzumischen.

Orgetos sah seinen Gegner mit stechendem Blick in die Augen und zischte: „Mach dich bereit!"

Es war allen Umstehenden ohne weitere Worte klar, dass nun ein Zweikampf zwischen den beiden bevorstand. Rasch bildete sich ein weiter Kreis um die beiden Gegner. Augenzeugen aus der näheren Umgebung kamen heran, um das nun folgende Geschehen besser beobachten zu können. Während die beiden Gegner sich vorbereiteten, konnte man spüren, welche Spannung in der Luft lag. Dies betraf nicht nur Orgetos und Galedrix. Denn auch ihre jeweiligen Gefährten fassten die Waffen fester und musterten sich gegenseitig. Nicht selten entstand aus einem solchen Kampf ein Zwist, der auf die ganze Gruppe überging und zu blutigen Stammesfehden führen konnte. Beide Gegner traten sich in dem Kreis vor der Thinghalle gegenüber.

Auch Indutiomarus und Cingetorix waren unter den Zuschauern. Sowohl Galedrix als auch Orgetos waren mit einem langen, zweischneidigen Schwert bewaffnet. Beide hielten in der linken Hand einen Schild, beide trugen zum Schutz ein Kettenhemd und als Zeichen ihres Rufes als bedeutende Kämpfer auch ihren Kriegshelm. Der von Orgetos war ganz aus Eisenblech gefertigt, der des jüngeren Galedrix bestand aus mehreren eisernen Bändern, deren Zwischenräume mit braunem Leder ausgelegt waren. Mit Wangenklappen versehen, waren beider Helmwangen unter dem Kinn mit Lederbändern zusammengebunden. So konnten die Helme im Kampf nicht herunterfallen oder vom Kopf geschlagen werden.

Dann begann der Kampf. Zunächst umschlichen sich die beiden Kontrahenten wie zwei Kampfhunde, um den Gegner auf seine Schwächen hin abzutasten und auf einen günstigen Moment zum Angriff zu warten. In einem dumpf klingenden Rhythmus schlugen die zuschauenden Krieger mit ihren Waffen auf ihre Schilde.

„Tong, tong, tong", klang es unheimlich und Furcht erregend zugleich über den Burgberg hinweg. Jeder Umstehende ergriff sogleich für einen Kämpfer Partei und feuerte seinen Favoriten mit lautstarkem Geschrei an. Dies ging, als der Kampf richtig eröffnet war, schlagartig in ein wildes Gebrüll über. Denn nun hatte Galedrix eine erste Attacke eröffnet. Wild hieb er mit seinem Schwert auf Orgetos ein, der die Schläge gekonnt mit seinem Schild parierte. Orgetos hielt sich seltsam zurück und wehrte lediglich den Angriff ab, ohne selbst zu attackieren. Mit dumpfem Dröhnen hämmerte das Schwert seines Feindes auf den hölzernen Schild ein. Die Schläge hinterließen tiefe Hiebspuren darin. Galedrix trieb seinen Gegner in dem Kampfkreis vor sich her, während sich immer mehr Schaulustige zu den Umherstehenden gesellten.

Urplötzlich startete Orgetos aber einen Gegenangriff. Er parierte einen Schlag seines Gegners gekonnt mit dem Schwert. „Klang, klang!" Eisen schlug klingend auf Eisen. Orgetos machte einen Ausfallschritt nach vorne und rammte mit seinem Schild den des Galedrix. Dies mit einer solchen Wucht, dass sein Gegner erschrocken zurückwich. Die dahinter Stehenden mussten rasch zur Seite springen, um nicht in das Kampfgeschehen hineingezogen zu werden. Kaum hatte sich Galedrix von dieser Gegenattacke erholt, ging er erneut gegen Orgetos vor. Nun hieb er umso verbissener auf diesen ein, ohne ihn jedoch ernsthaft zu treffen. Mit vor Anstrengung und Wut gerötetem Gesicht hieb er wild schreiend auf Orgetos los. Seine Anhänger unterstützten ihn lauthals und der Platz vor der Thinghalle glich einem wahren Hexenkessel. Hin und her wogte das Geschrei der Umstehenden. Man konnte die Spannung, die in der Luft lag, zum Greifen spüren. Je wilder er angefeuert wurde, desto hitziger ging Galedrix in seinen Angriffen vor. Doch diese Kampfesweise hinterließ bei ihm mittlerweile erste Spuren. Schon bald begann er, vor Anstrengung zu keuchen und zu schnaufen. Der Schweiß lief ihm unter seinem Helmrand hervor und über das Gesicht. Das Gewicht seiner Waffen, seines schweren, eisernen Kettenhemdes und des Helms erforderte viel Kraft.

Orgetos hatte sich hingegen darauf beschränkt, zunächst nur die Attacken seines Gegners zu parieren und nicht selbst anzugreifen. Und dies war bald sein entscheidender Vorteil. Schlagartig wurde Galedrix bewusst, dass er sich verrechnet hatte. Taktisch klug hatte Orgetos nämlich darauf gewartet, dass sein junger Gegner sich mit dessen Angriffen selbst ermüdete. Dessen bewusst, ging Galedrix daher nochmals und unter Aufwendung all seiner Kraft zu einem weiteren, ungestümen Angriff über. Er wollte nun rasch die Entscheidung suchen, bevor sein Körper zu schwach und kraftlos wäre. Nach einem weiteren, mächtigen Schwerthieb drückte Galedrix mit seinem Schild den des Orgetos etwas beiseite und hieb ihm mit wuchtigem Schwung den Helm vom Kopf. Orgetos konnte gerade noch der Hauptwucht des Schlages ausweichen. Er war wesentlich älter als sein Gegner und seine Reaktionen waren nicht mehr so schnell wie noch vor zehn Jahren. Dennoch wich er dem Hieb erfolgreich aus, sodass ihm nur der Helm vom Kopf flog. Trotz dessen ihm eine blutende Wunde an der linken Stirnseite klaffte, schien er nicht ernsthaft verletzt. Bevor er jedoch seine Gedanken wieder sammeln konnte, verspürte er einen heftigen Schmerz. Ein weiterer, rasch geführter Schwertstreich des Galedrix hatte ihn an der rechten Schulter verwundet, sein Kettenhemd war aufgerissen. Die Wucht des Schlages ließ ihm das Schwert aus der Hand gleiten. Ein jäher Schmerz ließ ihn diesmal, wenn auch nur verhalten, aufschreien. Dies wurde von seinen Anhängern mit einem Schreckensschrei quittiert, führte bei den Anhängern seines Gegners aber zu wildem Jubeln. Noch bevor Orgetos seine Waffe wieder aufheben konnte, drängte ihn Galedrix von dieser ab. Die Waffe lag für ihn unerreichbar hinter Galedrix im Schmutz des Kampfplatzes. Wieder traf Galedrix seinen Gegner, diesmal an der rechten, ungeschützten Hüfte. Auch diesmal hatte das Kettenhemd des Orgetos den größten Teil des Schlages abgefangen. Zwar hatte der Hieb das Kettenhemd nicht durchdrungen, doch bildete sich auch an dieser Stelle wieder eine blutende Stelle.

Siegessicher stieß Galedrix einen Jubelschrei aus, und seine Anhänger fielen lautstark darin ein. Die Stimmung kochte regelrecht, alles schrie wild durcheinander, beide Gegner rangen nach Luft, Schweiß floss ihnen über das Gesicht. Beider Haare klebten förmlich am Kopf. Um Orgetos den Rest zu geben, ging nun Galedrix siegessicher auf ihn zu. Doch der erfahrene Orgetos war noch nicht besiegt. Noch war er trotz der Wunden im Besitz ungeteilter Kampfkraft und voller Siegeswillen. Plötzlich herrschte absolute Stille unter den Zuschauern, denn alle wussten, was jetzt geschehen würde. Galedrix holte mit hasserfülltem, verzerrtem Blick zum alles entscheidenden Schlag weit aus. Dazu warf er seinen Schild vor sich zu Boden. Sein Schwert hielt er nun mit beiden Händen hoch erhoben und zum finalen Schlag bereit. Dabei entblößte er aber kurzzeitig seinen Oberkörper, nur eine Sekunde dauerte dies. Doch Orgetos als erfahrener Kämpfer erkannte blitzschnell diese, seine letzte Chance. Er drehte seinen Schild blitzschnell und stieß mit voller Wucht dessen Kante dem siegessicheren Gegner unter das Kinn. Ein kurzer dumpfer Schlag, und der hasserfüllte Blick seines Widersachers wechselte hin zu einem ungläubigen Staunen, bevor er wie ein gefüllter Mehlsack auf den Boden fiel. Hätte Orgetos den Kehlkopf des Galedrix getroffen, so wäre dieser sofort tot gewesen. Aber der eisenbeschlagene Rand seines Holzschildes traf ihn mehr seitlich am Hals. Dies aber mit voller Wucht, sodass er urplötzlich von den Beinen gerissen wurde und nun nach Luft röchelnd auf dem Kampfplatz lag. Mühsam nach Luft ringend war er nicht mehr in der Lage, weiter zu kämpfen.

Orgetos ging um den am Boden Liegenden herum, nahm langsam und keuchend sein Schwert wieder auf. Während die Anhänger seines Gegners schockiert verstummten, waren seine Stammesgefährten über den plötzlichen Ausgang des Kampfes höchst erfreut. Nun jubelten sie vor Freude. Sie taten dies kund, indem sie immer wieder rhythmisch seinen Namen riefen: „Orgetos, Orgetos, Orgetos." Im Takt schlugen sie dabei ihre Lanzen und Schwerter auf die Schilde. Orgetos ging daraufhin langsam auf seinen am Boden liegenden und immer noch um Luft ringenden

Gegner zu. Blut rann dabei über seinen Arm auf die Hand hinab, die das Schwert fest umklammerte, tropfte auf den Boden und markierte so seinen Weg hin zu seinem im Schmutz liegenden Gegner. Der Schweiß hatte seine Kleidung restlos durchweicht, das Gesicht war ihm vor Anstrengung und Zorn rot angelaufen.

Würde er Galedrix töten und ihm seinen Kopf nehmen? Er hatte das Recht dazu, seinen Gegner zu töten, ihm den Kopf abzutrennen und als Trophäe mit sich zu führen. Denn so war es seit Urzeiten Brauch unter den keltischen Stämmen. Dies wäre nicht der erste Schädel, der die Wand seiner Hütte zieren würde. Es herrschte eine Todesstille in der Runde der umstehenden Zuschauer. Selbst das Bellen der Hunde schien verklungen.

Doch als hätten sie auf diesen Moment gewartet, ertönte plötzlich das unheimliche „Kra-Kra-Kra", eines Schwarms von Raben, die sich als bislang stille Beobachter in einem nahestehenden Baum niedergelassen hatten.

Die Stimmung stand auf Messers Schneide, denn obgleich die Anhänger des Galedrix ihrem Gefährten nicht helfen durften, war es wahrscheinlich, dass sie diesen rächten, falls er getötet würde. Und das wiederum würde einen offenen Kampf bedeuten.

Der Tod des Fürsten

Doch in dem Moment, als Galedrix seinen Blick zur Seite wandte, um den tödlichen Hieb nicht sehen zu müssen, und Orgetos sein Schwert erhob, traf der Alte namens Voredos am Platz des Geschehens ein. Keuchend und schwitzend hatte er den Thingplatz endlich erreicht.

„Ihr Fürsten, ihr Krieger, ha, haltet ein!", rief er. „Der Fürst, Fürst Teutactos, er, er ist... tot!", rief er außer Atem stotternd in die erstaunte Runde.

Alle starrten ungläubig auf den alten Mann, der einem Todesboten gleich auf sie wirkte. Varedos hatte einst unter dem alten Fürsten Teutactos, dem Vater des Indutiomarus, jahrzehntelang treu als erster Embactes gedient. Stets hatte er treu und loyal zu seinem Fürsten gehalten, der ihn dafür mit Rang und Ehre belohnt hatte. Sein prächtiger, goldener Torques zeugte hiervon. In seiner Jugend- und Manneszeit war Varedos einer der gefürchtesten und tapfersten Krieger des Trevererreiches gewesen. In den letzten Jahren, seit Teutactos die Macht und Stammesführerschaft aus Altersgründen an Indutiomarus, seinen ältesten Sohn, übertragen hatte, hatte Voredos seinem kranken Fürsten auf dessen Alterssitz, einem prächtigen Hof unten im Tal, gedient. Teutactos war in den letzten Jahren erblindet und zudem durch eine Kriegsverletzung am Bein gehbehindert, sodass er seinen Hof seit einiger Zeit nicht mehr verlassen hatte. Trotz seiner Zurückgezogenheit suchten die Adeligen aber oft seinen Rat und seine Unterstützung. Sein Wort galt immer noch und die Weisheit seines Alters überwog die Hitze und die Unerfahrenheit der Jugend. Dieser alte Getreue, Varedos, hatte den Fürsten und Adeligen also die schlimme Kundschaft überbracht.

Bestürzung und Trauer überwogen augenblicklich die Unstimmigkeiten. Dem wilden Gezanke und Gebrülle der Versammelten folgte nun eine Totenstille im Umfeld des Kampfes. Als wollten sie die Todesnachricht nochmals bestätigen, flog die im Baum sitzende Schar großer, schwarz

glänzender Krähen nun auf, sammelte sich zu einem Schwarm und zogen in Kreisen über die Versammlung hinweg durch die Luft. Außer einem letzten „Kra-Kra“ war nun kein Laut mehr zu vernehmen. Die vom Schauspiel des Kampfes soeben noch erhitzten Gemüter kühlten sich schlagartig ab.

Die neue Situation ließ Orgetos von seinem Vorhaben ablassen, Galedrix den Kopf zu nehmen. Er schenkte ihm dessen Leben und rammte zum Zeichen dafür sein Schwert nur wenige Zentimeter neben Galedrix Kopf mit aller Wucht in den Boden. Galedrix, dem Todesstoß geweiht, konnte seine Errettung nur zögernd begreifen. Wie erstarrt lag sein zitternder und immer noch nach Luft ringender Körper auf dem staubigen Kampfplatz. Schließlich wurde er von einigen seiner Gefährten auf eine Trage gelegt und zu den Zelten ihrer Truppe getragen, wo man seine Wunden versorgen würde. Ihr Anführer Fürst Cingetorix hatte mit seinen übrigen Kriegern zusammen den Platz verlassen. Dies, ohne ein Wort über den Kampf zu verlieren. Aber man erkannte unschwer die Wut, die innerlich in ihm brodelte.

Vielleicht würde Galedrix seine Verwundung überleben, vielleicht würde aber auch die Schwellung des Halses ihm endgültig die Luft zum Atmen nehmen. Nur die Götter konnten das wissen. Möglicherweise hatte der Fährmann bereits das Boot vertäut, um ihn über den Fluss, der die diesseitige von der jenseitigen Welt trennt, hinüber in das Totenreich zu rudern.

Um dies zu verhindern, wurden sogleich kühle, nasse Binden um den Hals des Verwundeten gewickelt. Man fragte auch nach einer kräuterkundigen Frau, die ein geeignetes Mittel gegen derartige Verletzungen kennt. Da hätte die Alte, der Vectimarus und Pettia begegnet waren, sicher auch helfen können, aber die war ja nicht mehr da. Ob Galedrix aus dieser schmerzhaften Erfahrung Lehren für seine Zukunft ziehen würde?

Auch Orgetos‘ Wunden wurde währenddessen von einer Dienerin im Thinggebäude versorgt. Sein Ruhm war jedenfalls auch ohne Trophäe gemehrt. Fürst Indutiomarus schenkte ihm ein anerkennendes Lächeln. Er war sich zwar der Kampferfahrung seines Leibwächters bestens bewusst, denn beide hatten in der Vergangenheit so manche Schlacht gemeinsam geschlagen. Aber man konnte nie wissen, was in einem Kampf geschehen würde. Ihm war klar, dass eines fernen Tages die Schnelligkeit und Kraft der Jugend über ihre langjährige Kampferfahrung siegen könnte.

Anfänglich ungläubige Blicke zur Todesnachricht wichen mittlerweile betroffenen Gesichtern. Die Kunde lief wie ein Lauffeuer über die gesamte Burg hinweg und verbreitete sich von dort in die benachbarten Siedlungen, ja bis weit über die Stammesgrenzen hinaus. Teutactos war Zeit seines Lebens weithin bekannt gewesen. Nicht nur als bewunderter Anführer, sondern auch als Beschützer seines Stammes in den Zeiten der großen Germaneneinfälle, die von jenseits des großen Grenzflusses, des Rheins, versucht hatten, die Treverergebiete zu plündern. Weiter im Süden hatten sie den Versuch unternommen, entlang des großen Gebirges in das Gebiet der Helvetier einzufallen. Davon bedrängt waren die Helvetier nach Süden in das von den Römern besetzte Südgallien ausgewichen. Das hatte aber den Römern nicht gefallen. Diese schon mindestens zwanzig Sommer zurückliegenden Geschehnisse waren wohl die Ursache, dass daraus ein immerwährender Konflikt zwischen Rom und den Kelten entstanden war, der letztendlich zu dem heutigen Krieg mit den Truppen Julius Caesars geführt hatte.

Als Zeichnen der Anteilnahme trugen die Leute fortan und bis zu den Begräbnisfeierlichkeiten farblose Gewänder. Allerorts hörte man die Klageweiber den Tod des Teutactos beweinen. Diese hatten ihre Haare zusätzlich mit weißer Asche bestreut, während die übrige Bevölkerung in den heiligen Stätten oder im eigenen Heim von den Taten des Verstorbenen berichtete, den Göttern opferte und für den Toten betete.

Pettia und Vectimarus vernahmen die Kunde jedoch erst später, als sie wieder zur Herberge von Vectimarus Eltern zurückgekehrt waren.

Beim Schmied

Eben wollten die beiden zur Herberge zurückkehren, als Vectimarus stoppte und Pettia befahl, ebenfalls stehen zu bleiben.

„Oh Mann, fast hätte ich es vergessen. Ich muss ja noch zum Schmied, um die Erntesichel meines Vaters reparieren zu lassen." Dabei griff er sich an die Stirn und schüttelte den Kopf aufgrund seiner Vergesslichkeit. Schließlich war das doch der Grund gewesen, warum sie auf die Burg mussten.

Also machten sie erst noch den kurzen Abstecher zu einem der Schmiede, die auf der Festung ihre Werkstätten hatten und auch dort wohnten. Abseits der anderen Bauten stand dessen triste Schmiedehütte. Mit deren separatem Standort wollte man einer eventuellen Feuergefahr vorbeugen. Denn nicht selten hatte der Funkenflug eines Schmiedefeuers bereits für eine Feuersbrunst gesorgt, die ganze Dörfer vernichtet hatten. Die dustere, rußige Hütte hatte keine Fenster und vor dem Eingang hing eine vor Schmutz starrende Decke herab. Beide betraten sie die fast dunkle Hütte und als sich ihre Augen an das Dunkel gewöhnt hatten, sahen sie mittig in dem kleinen Raum eine Feuerstelle in der ein Holzkohlefeuer glimmte. Da erst erkannten sie den dort stehenden Schmied. Das lag wohl daran, dass der Mann vom Feuer derart geschwärzt und verrußt war, dass er sich kaum von der ihn umgebenden Dunkelheit unterschied. Lediglich seine Augen erschienen als zwei helle Punkte in der Dunkelheit. Hätte man nicht gewusst, wer dort auf sie wartetete, hätte man ihn für ein Ungeheuer halten können. Vectimarus gab dem kahlköpfigen, gedrungenen Mann, nachdem er einen Gruß von seinem Vater an ihn gerichtet hatte, die fast halbrund gebogene, eiserne Sichelklinge und das abgebrochene Griffstück samt dem Holzgriff. Der Meister besah sich den Schaden und entfernte zunächst den Holzgriff. Danach legte er beide Teile der zerbrochenen Sichel in die heiße Holzkohleglut seiner Schmiedeesse. Auf sein Zeichen hin setzte ein inzwischen hinzu gekommener Junge, der noch jünger als Pettia war, den Blasebalg in Bewegung. Man hörte neben einem Knarren der Apparatur die Blasgeräusche des Balges. Nach anfänglichem Knistern der Holzkohle flogen bald erste kleine Funken aus dem Holzkohlehäufchen. Daraufhin wechselte die Glut ihre Farbe. Erst dunkelrot wurde daraus ein Blutrot. Dann wechselte sie rot, hellrot, orange und zuletzt war sie nahezu gelb. Die Eisenteile im Feuer fingen nun ebenfalls an zu glühen und als sie die gleiche gelbrote Farbe wie die Glut angenommen hatten, wurden sie mit einer Zange aus dem Feuer genommen.

Währenddessen hatte sich Vectimarus neugierig in der Werkstatt umgeblickt. Neben einer Reihe halbfertiger Lanzenspitzen, die der Schmied aus groben Eisenstäben gehämmert hatte, erblickte er auf einem Lederstück liegend ein kunstvoll geschmiedetes Schwert. Interessiert und ehrfurchtsvoll schaute er sich das Teil genauer an und erkannte, dass seine Klinge aus vielfach gefalteten, hauchdünnen Eisenlagen zusammengesetzt war. Diese war noch nicht ganz fertig, aber teilweise schon geschliffen, sodass man die herrliche Maserung des Eisens schon gut erkennen konnte. Mit wie viel Ausdauer und Können der Schmiedemeister diese Damaszenerklinge kunstvoll aus dem rohen Eisen geschmiedet hatte, wußte nur er. Nur mit jahrelanger Erfahrung war ein Schmied in der Lage, solches Werk zu vollbringen. Sicher würde bald einer der adeligen Herren das Schwert zur Bewunderung seiner Kameraden

an seinem Gurt mit sich tragen und es würde ihn im Kampf von Sieg zu Sieg führen.

Die Anweisungen des Schmiedes an seinen Gehilfen riefen ihn aber aus seinen Gedanken zurück. Der ebenfalls kräftige Mann hielt daraufhin mit einer Zange die glühende Klinge der zerbrochenen Sichel auf dem Amboss fest, während der Schmied selbst das Griffstück mit seiner linken Hand an die Klinge hielt und mit der rechten einen Hammer auf die Verbindungsstelle beider Stücke sausen ließ. Da der Raum nun etwas erhellt war, erkannten Pettia und ihr Freund, wie zielsicher der Mann den Hammer schwang. Die Muskeln seiner kräftigen Oberarme glänzten schweißnass im Schein der Kohlenglut. Unter lauten metallischen Klängen wurden beide Teile zunächst etwas platt geschlagen. Nach mehrmaligem, erneutem Erhitzen und lautem Gehämmer waren die Sichelteile nach und nach wieder miteinander verbunden. Die Sichel war repariert. In einem hölzernen Wassertrog ließ der Schmied jetzt das Eisen unter einem lauten Zischen und Brodeln des plötzlich erhitzten Wassers abkühlen. Dann eilte er auch schon nach draußen, denn bereits mehrfach hatte von dort jemand nach ihm verlangt. Der junge Gehilfe, der auch den Blasbalg bedient hatte, brachte nun den Holzgriff wieder an der Sichel an und befestigte diesen mit einem kleinen Splint. Den schlug er platt und nun saß der Griff fest und konnte sich nicht mehr lockern. Der Junge übergab die Sichel an Vectimarus, der sich bei dem Gesellen freundlich bedankte.

Endlich konnten Pettia und Vectimarus zur Herberge zurückkehren. Wieder aus der Schmiede herausgetreten, spannte hier ein weiterer Gehilfe des Schmiedes mit seinem Meister zusammen gerade einen eisernen Radreifen über ein hölzernes Rad. Der Schmied arbeitete also auch als Stellmacher und reparierte Wagenräder. Zuvor hatte er das aus vielen hölzernen Einzelteilen wie Nabe, Felge und Speichen bestehende Rad bereits grob zusammengesetzt. Nun wurde der schon rotglühende, heiße Eisenreifen über die Felge gezogen. Hierzu hatten sich die beiden Männer großer Zangen bedient. Da, schon fing die hölzerne Felge Feuer und unter Zischen wurde sie mittels Wasser rasch wieder abgekühlt. Mit Hämmern wurde die Felge passend auf dem Holz fixiert, dann mittels Nägeln befestigt und so war das Rad nun gebrauchsfertig und könnte bald an der Achse des nebenstehenden Wagens wieder angebracht werden. Vectimarus war erstaunt über die vielfältigen Arbeiten, die ein Schmied verrichten musste. Nicht umsonst war deren Können sehr angesehen in der Bevölkerung. Das war ihm so noch nie bewusst gewesen und gerade begann er in seiner Fantasie mit dem Hämmern auf einen rotglühenden Eisenklumpen, um aus diesem einen kunstvollen Prunkhelm zu fertigen...

„Meister, ich soll Sie von meinem Vater noch bitten, bei Ihrem nächsten Besuch in unserer Schenke Ihren Lohn für die Reparatur der Sichel einzufordern!", teilte Vectimarus dem Schmied noch mit.

„Ja, ja, grüß deinen Vater und sag ihm, es eilt nicht mit dem Bezahlen. Wir kennen uns ja schon lange genug. Er soll mir schon mal einen ordentlichen Becher Met kühl stellen. Ich denke, er weiß, wie durstig sein Freund der Schmied sein kann", meinte er noch lachend, bevor er sich mit dem Gesellen daran machte, das reparierte Rad wieder am Wagen zu befestigen.

Leid und Freude

Die Nachricht über Fürst Teutactos Tod führte zu einer Unterbrechung des gesamten Things. Nur im akuten Kriegsfalle durfte das Begräbnis eines Fürsten noch aufgeschoben werden. Anderenfalls mussten die Traditionen und Regeln der Beerdigung unbedingt eingehalten werden. Diesen Regeln unterwarfen sich sowohl Indutiomarus als auch Cingetorix mit ihren Gefolgen. Denn ein Nichtbefolgen hätte den Zorn der Götter heraufbeschworen und möglicherweise dem Verstorbenen den Einzug in die Unterwelt verwehrt. Dann müsste dieser als ruheloser Geist durch die Zwischenwelt irren, ohne Hoffnung auf Erlösung, um jemals in die jenseitige Welt zu gelangen.

Deshalb wurde entschieden, die Versammlung erst nach den Totenfeierlichkeiten weiterzuführen. Bei der momentan unter den anwesenden Gruppen gespannten Lage war dies auch eine gute Entscheidung. So konnte eine weitere Eskalation vermieden werden. Zunächst galt es nun, berittene Boten in alle Himmelsrichtungen auszusenden, um die Todesnachricht zu den anderen Stämmen zu bringen und zu den Begräbniszeremonien einzuladen. Teutactos war der Fürst aller treverischen Stammesverbände gewesen. Es war daher allen Unterstämmen gleichermaßen Pflicht wie Recht, mit ihren Abordnungen an den Totenfeiern teilzunehmen. Viele Reiter eilten auf ihren kleinen, zähen Pferden zu den südlichen Nachbarstämmen, wie den Mediomatrikern. Sogar bis zu den Helvetiern, die im hohen Gebirge mehrere Tagesreisen südlich wohnten, ritten sie. Sie informierten aber auch die Remer, Belger, Atrebaten, Bellowaker und Sequaner im Westen. Auch zu den germanischen Verwandten der Treverer jenseits des Rhenus sandte man Boten aus. Die Treverer rühmten sich ja gerne ihrer Blutsbeziehungen und betonten stets, dass ihre Vorfahren einst aus germanischen Gebieten jenseits des Rhenus nach hier eingewandert waren. Doch das lag schon so lange in der Vergangenheit zurück, dass es niemanden gab, der hierüber genauer berichten konnte. Selbst die allwissenden Druiden und Seher wussten nichts Genaues zu erzählen.

Die Übermittlung der Nachricht und die Anreise der Stammesvertretungen würden einige Tage in Anspruch nehmen, obgleich ein Großteil an Stammesvertretern ja durch das hiesige Treffen ohnehin schon anwesend war. Aber die Regeln mussten nun einmal eingehalten werden. Zudem waren für die Totenfeierlichkeiten zahlreiche Vorbereitungen zu treffen. Dabei waren vor allem die Druiden gefragt. Sie mussten den Bau der Grabstätte ebenso organisieren, wie sie Vorbereitung und Durchführung der Totenzeremonien anzuleiten hatten. Zunächst wurde der Verstorbene aber in seinem Herrensitz aufgebahrt. Der lag unten im Tal, genauer im Bereich der alten Grabhügel, die Pettia und ihr Vater bei ihrer Anreise passiert hatten. Es sollte ein großer, von einem Palisadenzaun umgebener Landsitz sein, mit prächtiger Festhalle und schöner Wandbemalung, prunkvollen Wandbehängen und einzigartigen Schnitzereien. Immerzu würden in der Halle wärmende Feuer brennen, sodass ständig Gäste empfangen werden könnten. Die einstigen Festgelage des Teutactos, bei der die Gäste auf mit Bären- und Wolfsfellen belegten Liegen erlesen speisten, waren legendär.

„Du musst dir das nicht wie in unserer Herberge vorstellen, wo die Gäste mit einer Suppe und einem Becher Met Bier versorgt werden, während es einen Braten und Süßspeisen nur an besonderen Tagen gibt“, berichtete Vectimarus. Dort gibt es stets die feinsten, auf einem eisernen Rost gebratenen Gerichte. Ganze Wildschweine, aber auch Lämmer, Rinderkeulen, Fische und vieles mehr gehörten dort zum Standard. Der alte Fürst liebte es, den aus den Römerlanden eingehandelten Wein auf spezielle Weise zu kredenzen.“

„Du meinst den köstlichen Römerwein, wie ihn mein Vater mit sich führt?“, unterbrach ihn Pettia.

„Ja klar, den kostbaren, den ihr da auf eurem Wagen geladen habt. Aber du weißt ja, dass sich nur Wohlhabende den überhaupt leisten können. Nun, um nochmal auf das Besondere zurückzukommen. Der verstorbene Fürst also, der hat, so sagt mein Vater, verschiedene Gefäße, wie eine bronzene, aufwendig verzierte Schenkkanne, mit welcher der Wein aus den Amphoren entnommen wird. Dann wird er durch ein Sieb gegossen und in eine Schenkkanne umgefüllt. Damit werden die verschiedenen Kräuterrückstände aus dem Wein gefiltert. Und dann erst", bemerkte er mit Stolz auf seine genauen Kenntnisse, „dann erst kommt der Wein in die Becher und wird getrunken. Meist wird er mit Wasser verdünnt, denn unverdünnt schmeckt er doch sehr streng und lässt die Männer zu schnell betrunken werden. Schließlich sollen die Gäste ja auch noch einen zweiten oder dritten Becher trinken – und bezahlen", meinte er mit einem Augenzwinkern zu Pettia, die sogleich verstand, was er meinte. Schließlich verhandelte ihr Vater ja den Wein und daher kannte sie auch die Trinkzeremonien. Aber sie wollte ihren Freund nicht enttäuschen, der scheinbar stolz darauf war, ihr etwas vermeintlich Neues zu erzählen. Also schwieg sie darüber.

„Du merkst also, die Tischsitten der feinen Herren sind etwas vornehmer als die in unserer Schenke. Dort kriegt jeder Gast seinen verdünnten Wein in einem Becher auf den Tisch und fertig!", sagte er noch, bevor sie im Schein der untergehenden Sonne endlich die Schenke von Vectimarus Eltern erkannten.

Der Leichnam des verstorbenen Teutactos wurde am folgenden Tag unter dem Gesang der Klageweiber zunächst von den Druiden und den erwachsenen Männern seiner Familie gewaschen und gesalbt. Dann wurde ihm seine Kriegsausrüstung angelegt. Über der leinenen Unterwäsche trug er sein kostbarstes gewebtes Hemd mit bunter Verzierung in Form von Karomustern, zudem seine gesteppte, farblose Winterhose. Über das Hemd wurde ihm sein Kettenhemd angezogen. Zu Lebzeiten hatte der Fürst die leichtere und damit beweglichere Schutzkleidung des leichten Lederpanzers dem schweren, eisernen Kettenhemd gegenüber bevorzugt. Doch bei der Aufbahrung galt es, ihm das prächtigste und wertvollste an Kleidung und Waffen anzulegen, was er besaß. Damit sollte die hohe Stellung des Toten zur Schau gestellt werden, bevor sein Leichnam dann später verbrannt wurde. Auf einem mit Wolfspelzen bedeckten Tisch wurde er inmitten des großen Empfangsraumes zusammen mit seinen Waffen aufgebahrt. Das Schwert lag zu seiner Rechten, während vor dem Tisch zwei Schilde und drei Lanzen aufgestellt waren. Einer der Schilde war ein stark beschädigtes Exemplar mit repariertem Schildbuckel. Dieser fand besondere Beachtung bei den Menschen, denn es war der Schild, den Teutactos bei den Kämpfen mit den feindlichen Germanen vor Jahrzehnten bereits genutzt hatte. Der hatte ihm damals im Zweikampf das Leben gerettet. Durch seinen Sieg über den Anführer der germanischen Horden hatte er die Treverer Gebiete letztendlich vor der Zerstörung gerettet. Denn die ihres Anführers beraubten feindlichen Horden hatten sich daraufhin in ihre Heimat jenseits des Rhenus zurückgezogen. Man gab dem Toten aber auch eine röhrenartige Tondüse bei. Diese symbolisierte seine wirtschaftliche Macht. Die Tondüse als Teil eines Rennofens für die Eisenschmelze kennzeichnete ihn als Besitzer und Hüter der hiesigen Eisenproduktion. Gerade dies hatte großen Reichtum in die Region gebracht, worauf sein Stammesgefolge stolz war. Auch wenn, wie immer, die armen Leute eigentlich nur Arbeit und wenig bis keinen Verdienst dabei hatten. Aber das Ansehen des Stammes nach außen hin stand über allem anderen.

Nachdem der Verstorbene derart präpariert worden war, wurde er inmitten seiner Hütte also für mehrere Tage aufgebahrt. Ein starker Duft und der Rauch schwelender Kräuter durchzogen den Raum derart, dass dieser in ein diffuses, nebelartiges Licht getaucht war, was der Situation einen unwirklichen Eindruck verlieh. Ganz so, als ob man sich in einem lichten Nebel befände. Hinzu trat ein betäubender Geruch, der den ganzen Raum ausfüllte und den Anwesenden fast die Sinne benebelte. Dieser diente in erster Linie dazu, den von Tag zu Tag stärker werdenden Leichengeruch einzudämmen. Im Dunkeln des hinteren Raumbereiches hörte man das ständige Jammern der Klageweiber. Sie würden nicht eher verstummen, bis der Leichnam den Flammen übergeben war. Dazu murmelten Druiden immerwährend ihre Gebete. Sie alle umsorgten den Toten während draußen die eigentlichen Bestattungsvorbereitungen Tag und Nacht weitergingen. Die Druiden und Kräuterweiber hatten den toten Fürst so geschminkt, dass es aussah, als würde er gleich aus einem tiefen Schlaf erwachen. Dennoch wartete sein Leichnam nur darauf, in die jenseitige Welt zu seinen bereits verstorbenen Angehörigen einfahren zu können. Zusätzlich hielten während der Aufbahrung die ganze Zeit über zwei seiner Krieger zu beiden Seiten des Einganges eine Totenwache.

Am Tag nach dem Ableben des Fürsten Teutactos sagte Redios zu seiner Tochter: „Pettia, nun sind wir schon seit Tagen an diesem Ort, ohne dass ich nennenswerte Geschäfte gemacht hätte. Zudem wird die allgemeine Lage immer unsicherer. Nach der Bestattung des verstorbenen Fürsten wird es wohl endgültig zum Krieg gegen die Römer kommen. Bis dahin möchte ich die Zeit nutzen, um andernorts mein Glück zu versuchen und dann anschließend so schnell es geht wieder nach Divodurum, unserer

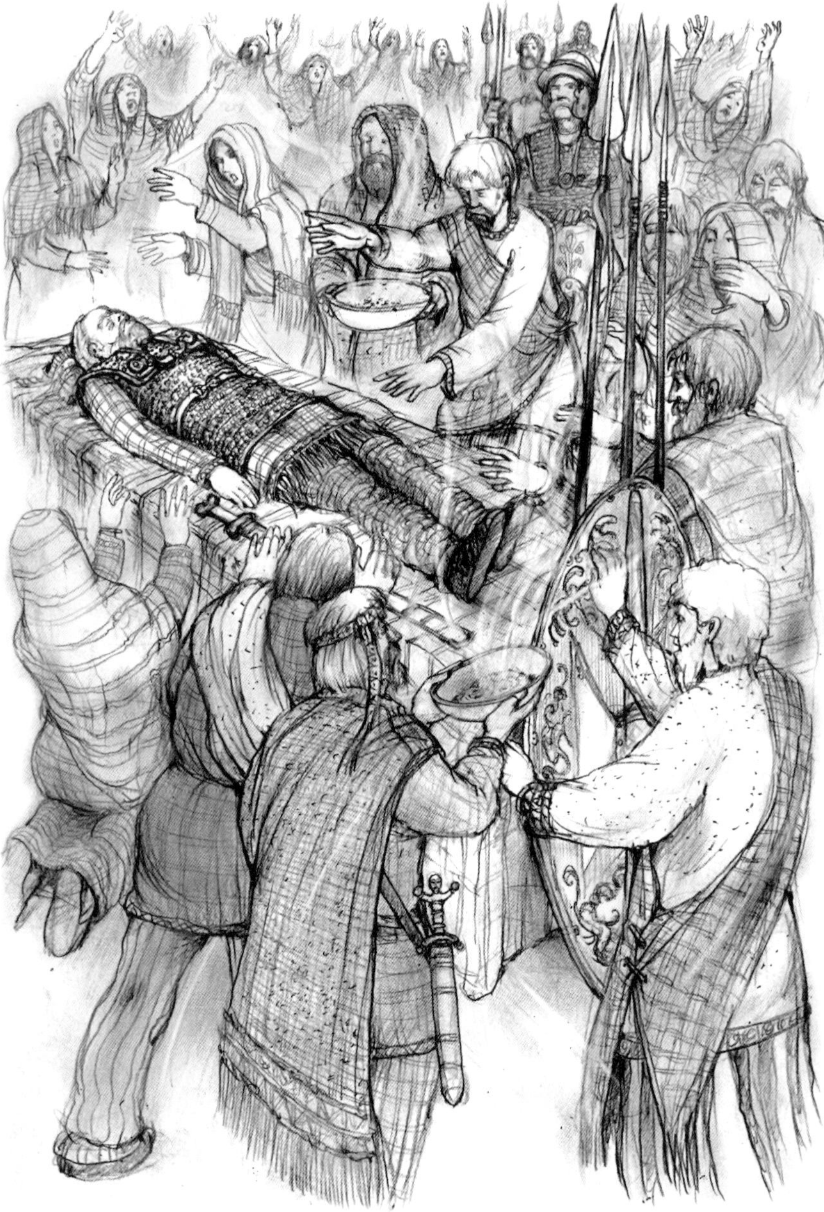

Heimatstadt, zurückzukehren. Nur dort sind wir einigermaßen sicher vor dem, was passieren kann."

Pettia verstand ihren Vater nur zu gut. Schließlich waren sie Handelsleute und hergekommen, um ihre Waren zu verkaufen. Aber andererseits würde sie Vectimarus dann nicht mehr sehen. Von dieser Tatsache bedrückt, ging sie in die Herberge, um ihn zu suchen. Vectimarus war gerade dabei, die Tische in der Schänke zu reinigen. Sie erzählte ihrem Freund von den Abreisegedanken des Vaters. Vectimarus ließ daraufhin ebenfalls den Kopf hängen und war sichtlich traurig über die Tatsache, Pettia nicht mehr lange zu sehen. Noch während beide miteinander sprachen, hatte ein Druide den Schankraum betreten. Pettia erkannte in ihm den Priester von ihrem Besuch im Tempel wieder. Der weise Mann hatte einen langen weißen Bart und sein gebeugter, massiger Körper war mit einem ausgeblichenen, einst karierten Kittel bedeckt.

Er fragte Vectimarus mit rauer, gebrochener Stimme: „Junge, ist bei euch nicht ein Händler aus dem Mediomatrikerland einquartiert? Er soll unter anderem kostbare Weine aus dem Süden mit sich führen! Weißt du was darüber? Ist der Händler etwa schon abgereist?"

Noch bevor Vectimarus antworten konnte, sagte Pettia: „Guter Mann, ihr meint sicher meinen Vater Redios. Er ist der fahrender Händler aus Divodurum, nach dem ihr sucht. Wenn ihr wollt, führe ich euch sofort zu ihm!"

Gerne folgte der Druide ihr und zusammen gingen sie hinaus in den Stall, wo Pettia und ihr Vater noch immer ihr karges Lager hatten. Ihr Tatis war gerade dabei, das Schirrzeug der Ochsen zu ordnen und zu überprüfen.

„Vater, Vater!", rief Pettia mit von Aufregung gerötetem Gesicht. „Der weise Mann hier sucht dich!"

Redios erhob sich mit den Worten: „Seid gegrüßt, Druide. Die Götter seien mit dir! Mein Name ist Redios. Was kann ich für euch tun?"

„Mögen die Götter auch mit euch sein! Ihr seid also der gesuchte Händler, wie mir eure Tochter hier sagte? Ich komme aus dem Tempel. Meine Aufgabe ist es, für die Ausstattung des Grabes unseres verstorbenen Fürsten zu sorgen. Derzeit wird sein Grab nahe der Hügelgräber seiner

Urväter für die Bestattung hergerichtet. Ihr wisst sicher, dass es Sitte ist, dem Verstorbenen das mit auf die Reise zu den Göttern mitzugeben, was er auch in unserer Welt besaß. Nun, vieles haben wir hier vor Ort. Aber einiges, was unser Fürst zu Lebzeiten genossen hatte und was ihm deshalb auch im Jenseits nicht mangeln soll, ist derzeit schwer zu beschaffen. Wegen der Eroberung der südlichen Keltenlande durch den Wurm von Caesar sind wir vor allem von Handelswaren aus diesen Regionen abgeschnitten. Unser alter Fürst war ein großer Herrscher, der zeitlebens seine Gäste auch stets mit dem Besten zu bewirten geruhte. Hierzu gehörte auch südländischer Wein. Und wie ich gehört habe, führt ihr welchen davon mit euch?!"

Redios' Gesicht erhellte sich bei diesen Worten zunehmend. Auch Pettia wusste, um was es ging. Nun konnte ihr Vater doch noch mit einem guten Geschäft rechnen. Und es bedeutete auch, dass sie noch nicht so schnell von hier, und damit von Vectimarus, fort müsste.

„Druide", sprach Redios, „ich versichere euch, ihr bekommt keinen solch guten Wein im Umkreis von mehreren Tagesmärschen! Ich bin bekannt für die Qualität meiner Weine, die alle aus dem Gebiet des sonnigen Massilia stammen. Meinem Bruder ist es gelungen, noch eine beträchtliche Ladung einzuführen, bevor der Handel erschwert wurde. Wenn ich euch also dienen kann, so wäre es mir eine Ehre, wenn Fürst Teutactos in der Anderswelt mit den Göttern tafeln und meinen Wein dazu verkosten dürfte!"

Sogleich nahm er eine hölzerne Siebkelle aus einem Sack, öffnete eine der großen Amphoren und ließ den Wein durch das Sieb hindurch in einen Becher laufen. Nun war das Getränk klar und rein und damit zu einer Kostprobe bereit. Redios ließ den Druiden von dem unverdünnten, vollen Wein kosten. Dieser hätte wohl schon nach der ersten Kelle bestätigt, dass Redios bei der Qualität des Weines nicht gelogen hatte. Aber er ließ es sich nicht nehmen, sicherheitshalber noch einen weiteren Becher genüsslich zu leeren. Er wolle sich der Qualität absolut sicher sein, sagte er zu Redios. In Wahrheit nutzte er natürlich die Gelegenheit zu einem weiteren kostenlosen Trank. Immerhin war es für ihn eine seltene Gelegenheit, von diesem köstlichen, teuren Getränk zu probieren. Während Wasser nun einmal geschmacklos war, war der hierzulande gebraute Honigwein, auch Met genannt, ungleich schwerer im Geschmack als die Göttergabe des Weins. Wobei, wenn man es sich genauer überlegt, eigentlich ja die römischen Götter für diesen Genuss zuständig waren.

„Wie viele Amphoren umfasst eure Ladung?“, fragte der Druide schließlich, mit bereits gerötetem Gesicht und schwerer Zunge.

„24 Amphoren, mit jeweils etwa 15 bis 20 Litern Inhalt, Herr!“, antwortete Redios.

„Und was kostet die gesamte Ladung, wenn ich sie euch abnehme?“

Redios trat angesichts der Größe des möglichen Geschäfts plötzlich der Schweiß auf die Stirn. „30 Potine oder 15 Silbermünzen oder ein Goldstück pro Amphore.“

„Ah gut, aber ich will wissen, wieviel ihr für die ganze Ladung wollt!“, wiederholte der des Rechnens wohl nicht mächtige Druide.

„Das macht dann 720 Potine oder 360 Silbermünzen oder 24 Goldstücke für alle 24 Stück“, antwortete Redios schließlich mit rotem Kopf, denn so hoch zu rechnen war auch für ihn schwer. Und dann auch noch die Aufregung... Noch nie hatte er so viel Wein auf einmal absetzen können. Normalerweise waren ein bis zwei Amphoren pro Adelssitz bereits ein großer Verkaufserfolg.

„Ich gebe euch 300 Silbermünzen für alles!“, antwortete der Geistliche darauf.

Redios tat, als überlege er noch eine kurze Weile, druckste – zum Schein – etwas herum, war sich aber sofort sicher, dass er den Handel zu diesen Bedingungen beruhigt abschließen konnte.

„320 Silberlinge, Druide, dann sind wir uns des Handels einig“, sagte er schließlich und reichte diesem die schweißnasse Hand zur Besiegelung des Kontraktes.

Der Druide griff daraufhin in einen an seinem Gürtel befestigten Lederbeutel und holte zehn Silbermünzen daraus hervor. Er reichte sie mit den Worten „Hier eine Anzahlung für die Weinladung“ an Redios weiter, der die Münzen seinerseits nach sorgfältiger Prüfung in seinem Beutel verschwinden ließ.

„Ich lasse euch durch einen unserer Schüler, einen Novizen, Nachricht überbringen. Er wird euch zeigen, wo ihr die Ladung abliefern sollt. Oder besser noch, er wird euch zum Tempel geleiten. So, und nun, da der Handel beschlossen ist, habt ihr sicher nichts dagegen, wenn ich mich ein letztes mal von der Qualität der Ware überzeuge“, sagte er und reichte Redios den Becher mit einem Augenzwinkern zurück.

Pettia, die ja alles mitbekommen hatte, bemerkte, dass sie ihren Vater selten so glücklich gesehen hatte, wie in den folgenden Tagen. Wahrlich, die Götter meinten es gut mit ihnen, denn im Tod des Fürsten Teutactos steckte für sie auch viel Glück. Pettia war es zunächst etwas peinlich, so zu denken, aber ihr Vater meinte dazu lediglich, dass es von den Göttern wohl so gewollt sei und sie sich deswegen kein schlechtes Gewissen zu machen brauche. Des einen Leid ist nun mal des anderen Freude oder Glück. Schließlich nahm auch sie es so hin, wie es war. Denn alles im Leben ist von dem Willen der Götter abhängig. Sie empfand es aber auch als ein Glück, weiterhin mit Vectimarus durch die Gegend streifen zu können, denn es war nun sicher, dass sie mindestens noch bis zum Abschluss der Totenfeierlichkeiten vor Ort bleiben würden. Jedoch war dessen Zeit nun eingeschränkt, denn durch die längere Anwesenheit der zum Thing erschienenen Abordnungen und deren Aufenthalt bis zum Tag der Totenfeierlichkeiten war ein ständiges Kommen und Gehen in der Schänke. Hierdurch hatte Vectimarus ständig viel zu tun und nur selten Zeit für gemeinsame Unternehmungen. Immer wieder reisten neue Abordnungen an, um dem toten Fürst noch einmal zu huldigen. Anschließend brauchten auch diese Leute eine Herberge, denn es dauerte noch bis zur eigentlichen Begräbniszeremonie. Der meist stark alkoholhaltige, aus Honig, Wasser, Früchten und Gewürzen vergorene Met floss in Strömen und Vectimarus´ Mutter kam tagelang nicht mehr aus der Küche heraus. Ständig hatte sie die hungrigen Mäuler der Gäste zu stopfen. Der Stall, in dem Pettia und Redios ihr Lager hatten, war proppenvoll mit anderen Gästen. Nun lagen sie dicht an dicht mit anderen, fremden Leuten.

Natürlich reisten auch andere Händler an, die ihr Glück vor Ort versuchen wollten. Schließlich hatten die zu den Totenfeierlichkeiten Anreisenden oftmals Zeit und mussten das Warten auf die Beerdigung irgendwie überbrücken. Dabei hofften die Händler, dass denen das Geld locker in den Beuteln saß und sie ihre Waren verkaufen könnten. Aber da hatten sie sich getäuscht, denn die momentan schlechten Zeiten ließen die Käufer Zurückhaltung üben. Schlecht auch deshalb, weil eine kleine Gruppe von Pleumoxier von einer Niederlage der Nervier bei der Erstürmung eines römischen Legionslagers unter dem römischen Präfekten Cicero berichtete. Vergeblich hatten die die Römer belagert. Dazu hätten sie sogar um ihr eigenes Lager einen tiefen Graben gezogen, damit die Römer nicht ausbrechen konnten. Doch trotz härtester Kämpfe hätte man die römischen Verteidigungsanlagen nicht erobern können. Schließlich sei Caesar mit zwei Legionen in einem Gewaltmarsch angerückt, um seine bedrängte Legion zu befreien. Dabei hätten sich keltische Truppen auch dem heranrückenden Caesar entgegengeworfen. Der hätte sich wiederum in einem eigenen Lager verschanzt.

Immer mehr der in der Schenke anwesenden Gäste scharten sich um die Pleumoxier, um deren Bericht zu lauschen.

Zunächst hätte alles so ausgesehen, dass Caesar sein Lager aus Furcht nicht verlassen wollte, berichteten diese weiter. Aber in einem ungeahnten Moment hätte er die Nervier mit ihren Verbündeten durch einen Ausfall seiner Truppen aus dem Lager heraus überrascht. Davon völlig überrumpelt wären die keltischen Truppen in Panik geraten und geflohen. Rund 60.000 Mann wären vor den Truppen Caesars davongelaufen. Dabei hätte es viele, viele Tote gegeben, fast ausschließlich Kelten. Das Ganze wäre eine einzige Katastrophe gewesen! Einzig ein sumpfiges, dunkles Waldgelände hätte ihre Truppen vor noch größeren Verlusten gerettet. Die Römer hätten davor gestoppt und wären lieber zum Lager des Cicero gezogen, um diesen endgültig zu befreien. Im Nachhinein hatte sich herausgestellt, dass Ciceros Soldaten nahezu alle verwundet waren. Die Kelten hätten wohl nur noch einen Angriff starten müssen, um das Lager Ciceros zu erobern. Welche Tragik! Immer wieder gelang es den Römern, sich aus der Schlinge zu ziehen, wieder waren viele Keltenkrieger zu Tode gekommen, viele Familien ihrer Väter und Söhne beraubt.

Die Stimmung in der Schenke war nach diesem Bericht gedrückt. Viele diskutierten über das Hin und Her im Verlaufe des Krieges. Nur wenige Siege der Kelten standen den römischen Erfolgen gegenüber. Nur ein echter Zusammenschluss aller Stämme unter einem Führer, einem wahren König, könnte die Tragödie beziehungsweise die Besetzung der gallischen Länder durch die Römer noch verhindern. Angeblich gäbe es da im Gebiet der Averner einen mutigen, fähigen Anführer namens Vercingetorix, der das Unmögliche noch erreichen könnte. Als dann einige Männer aus dem Gefolge des Cingetorix die Schenke betraten, senkte sich die Lautstärke und man vernahm verhalten leise, aber erregte Diskussionen darüber, dass es in vielen Stämmen auch Anhänger der römischen Sache gäbe und dass deren Paktieren mit dem Feind die eigenen Reihen schwächte.

Um nochmals auf die anwesenden Krämer zurückzukommen, die machten durchweg lange Gesichter und beneideten Redios um sein Glück.

Die Grabstätte

Trat Pettia aus der Schänke, so erblickte sie über das vor ihr liegende Tal hinweg den Höhenzug, auf dessen Rücken die Hügelgräber der Altvorderen der Trevererfürsten lagen. Sie hatte diese ja bereits gesehen, als sie mit ihrem Vater angereist war. Nun war in deren unmittelbarer Nähe ein geschäftiges Treiben zu erkennen. Je nach Windrichtung konnte man auch ein Klopfen von Äxten und Hämmern vernehmen, das selbst in der Nacht nicht abzuklingen schien. Anscheinend war man bestrebt, das Grab des Fürsten rasch aufzubauen.

Am nächsten Tag hatte Vectimarus endlich wieder etwas Zeit für Pettia. Das heißt, eigentlich musste er Verpflegung zu den Arbeitern an die Baustelle bringen und fragte seine Freundin, ob sie ihn denn begleiten wolle. Pettia nutzte die Gelegenheit natürlich, um endlich wieder mit ihrem Freund etwas unternehmen zu können. Außerdem war sie neugierig darauf, das Grab zu sehen. Wild schwatzend durchquerte sie mit Vectimarus zusammen das südlich der Schänke gelegene Tal, um dann einen lang gezogenen Hang mit abgeernteten Feldern zu durchqueren. Dabei erzählte er ihr allerlei Neuigkeiten, die er gestern in der Schenke gehört hatte. Auch davon, dass die Anhänger des Cingetorix nach dem Genuss mehrerer Becher Met von den Vorzügen der Römer geprahlt hätten, fast so, als ob sie selbst Römer wären. Die hätten sogar Ferngeschütze, mit denen man übergroße Pfeile über hunderte Meter hinweg schießen könne. Außerdem hätten sie Belagerungstürme gebaut, um die Ringwälle der Kelten angreifen und erobern zu können.

„Man könnte fast meinen, die wären die größten Krieger unter dem Himmel“, meinte Vectimarus verächtlich.

„Dabei haben die anscheinend noch nie unsere uneinnehmbare Festung gesehen. Mit ihren fast 20 Meter hohen und noch breiteren Mauern hält sie selbst den römischen Belagerungstürmen stand. Und überhaupt“, sagte er, „wie wollen die mit diesen Apparaturen überhaupt die steilen Hänge des Burgberges erklimmen?!"

Er lachte zwar dabei, aber Pettia meinte an seiner Art des Lachens auch eine gewisse Furcht oder Unsicherheit zu erkennen.

„Jedenfalls waren die Männer des Cingetorix rasch leise geworden, als ein ganzer Trupp unserer Männer in die Schenke gekommen ist. Selbst Orgetos war dabei. Sein Kopf hat jetzt einen Verband und er humpelt zwar ein bisschen, aber der Kerl ist einfach nicht kleinzukriegen. Als der die Krieger des Cingetorix nur einmal scharf angeblickt hatte – da waren die sofort ganz kleinlaut, haben ausgetrunken und sind davongezogen", sagte er nicht ohne Stolz.

Sie gingen nun den kürzesten und direkten Weg zu den Grabstätten. Rechts vor ihnen lag in einiger Entfernung die große Erzgrube, die sie bereits bei ihrer Anreise gesehen hatte. Sie war ungleich größer, als diejenige, über welche Vectimarus´ Onkel Siretos die Aufsicht hatte. Von den Arbeitern selbst konnte man kaum etwas erkennen, denn die Schürfstelle war tief im Boden, sodass man lediglich an den Geräuschen vernehmen konnte, dass hier anscheinend viele Menschen arbeiteten. Als sie die nun abgeernteten Stoppelfelder hinter sich gelassen hatten, war beiden trotz des heute kalten, windigen Wetters warm geworden. Es gab hier bei den Gräbern keine Quelle in unmittelbarer Nähe, sodass Vectimarus´ Mutter ihnen aufgetragen hatte, auch noch zwei Lederschläuche mit Trinkwasser mitzunehmen. So hatten sie also einiges zu schleppen gehabt und waren froh, endlich am Ziel zu sein.

Die Grabgrube war bereits gänzlich ausgehoben. Sowohl Vectimarus, als auch Pettia hatten noch nie ein solch großes Grab gesehen. Es maß sicher 6 x 4 Meter und war gut und gerne 3 Meter tief, meinte Vectimarus zu seiner Freundin. Der Boden war bereits mit einer Steinlage ausgelegt. Gerade waren die Arbeiter dabei, einen Holzboden aus Eichenbohlen darüber auszulegen. „So etwas haben wir noch nicht mal zu Hause", dachte Pettia sich. „Unser Haus hat lediglich einen Stampflehmboden." Außerhalb der Grube arbeiteten andere Handwerker an der Herstellung von Holzbalken. Das Klopfen ihrer Äxte hatte Pettia schon tags zuvor vernommen, ohne jedoch zu wissen, dass das Geräusch hiervon stammte. Die Länge der Balken entsprach den Maßen der Grabgrube. Aus ihnen

sollte wohl eine stabile Wandkonstruktion für die Grabkammer gebaut werden. Darin würde also bald Teutactos´ verbrannter Leichnam mit all seinen Reichtümern die letzte Ruhe finden. Seine Seele hingegen würde sich im Jenseits mit denen seiner Verwandten und Freunde zusammenfinden. Dort würden sie in aller Ewigkeit verweilen und ein sorgenloses Dasein im Wohlstand einer Fürstenfamilie finden.

Die Bauarbeiten wurden von einem Meister beaufsichtigt, der eigens für diese Tätigkeit bestellt worden war. Ihm übergaben Vectimarus und Pettia auch die mitgebrachte Verpflegung. Der Baumeister befahl darauf eine Unterbrechung der Arbeiten. Er und die Vorarbeiter nahmen nun ihr Mahl etwas abseits ein, während die einfachen Arbeiter unter dem ständigen Singsang einiger Druiden zunächst noch weiterarbeiteten. Dann erhielten auch sie die Erlaubnis zu einer kurzen Pause.

Die Druiden hatten dafür zu sorgen, dass die Götter von Beginn der Arbeiten an bis zur Niederlegung des Verstorbenen gütlich gestimmt waren. Damit sollte dem toten Fürsten eine reibungslose Reise in die Anderswelt ermöglicht werden.

Nach einer Weile hatte Pettia genug gesehen. Die Arbeiten gingen nur langsam voran, sodass ein längeres Verweilen keine Neuigkeiten mehr bieten würde. Also beschlossen die beiden, zurück zur Herberge zu gehen. Der Junge konnte sich momentan auch nichts herausnehmen. Sein Vater war böse auf ihn, nachdem er von Orgetos erfahren hatte, was sich auf der Burg zugetragen hatte. Er schimpfte mit ihm, weil Vectimarus sich ohne Erlaubnis an die Thinghalle angeschlichen hatte. Vectimarus´ Hosenboden war zwar vor Schlägen verschont geblieben, aber derzeit wurde er von seinem Vater als Strafe mit Arbeit zugeworfen. Pettia dagegen hatte da mehr Glück gehabt. Als Auswärtige kannte man sie nicht im Dorf. Daher rührte das Glück, dass ihr Vater auch nicht erfahren hatte, dass auch sie dabei gewesen war, als die Versammlung belauscht wurde. Sehr wahrscheinlich hätte auch sie von ihrem Vater Schelte bekommen, wenn er dies gehört hätte. Aber der war ja im Moment in einem Glücksrausch und daher stets gut gelaunt. Er wollte am heutigen Abend sogar mit Pettia etwas Besonderes in der Schenke essen. Pettia hoffte darauf, dass sie vielleicht ein saftiges Stück Wild essen durfte. Ein mit Kräutern gespickter großer Braten hing seit gestern am Spieß in der Schenke und dessen Duft hatte sich in Pettia fest eingeprägt. Schon wenn sie daran dachte, lief ihr das Wasser im Munde zusammen. Heute mal keinen Getreidebrei oder Hülsenfrüchte. Ein Stück von dem Braten, dazu eine Kante vom leckeren Brot, welches Vectimarus' Mutter am Backen war, als sie zur Baustelle aufgebrochen waren... „Das wär´s doch", dachte Pettia voller Vorfreude.

Und tatsächlich sollte sie am Abend in der überfüllten Schenke ihr Bratenstück erhalten. Pettia war glückselig, während der arme Vectimarus auch noch in der Schenke beim Auftragen und Abräumen zur Hand gehen musste.

Das Begräbnis

Es dauerte nur noch wenige Tage, bis die Grabkammer für die Bestattung bereit war. Als auch die letzten Trauergäste angereist waren, wurde bekannt gegeben, dass am folgenden Tag spätmorgens die Beisetzungszeremonien stattfinden würden. Einige der geladenen Gäste waren an der Anreise jedoch gehindert worden, weil sie entweder direkt von den Auseinandersetzungen mit den Römern betroffen waren oder weil ihre Reiseroute momentan zu gefährlich war.

Doch man konnte nun nicht länger auf diese warten. Die Verbrennung des Leichnams und die Beisetzung der Verbrennungsreste sollten nach Sonnenaufgang als erstes durchgeführt werden. Zuvor musste aber schon die Begräbniskammer eingerichtet werden. Deshalb bekam Redios die Anweisung, die Weinamphoren noch vor Sonnenaufgang zum Grab zu bringen. Trotz der Frühe war Pettia, als ihr Vater sie sanft an der Schulter rüttelte, sofort hellwach. An einem normalen Tag wäre sie nur ungern zu dieser frühen Stunde von ihrem wärmenden Fell aufgestanden. Zusammen mit dem Stroh und den beiden Wolldecken hatte sie es kuschelig warm gehabt. Die Nacht war sehr kalt. Selbst im Stall standen ihr weiße Atemwölkchen vor dem Gesicht, was sie aber nicht sehen konnte, war es doch hier drinnen noch stockdunkel. Lediglich eine Fackel, die draußen auf dem Hof leuchtete, warf auch ein wenig Licht in den Stall, damit man nicht kopflos umherirrte und womöglich anderen, noch schlafenden Herbergsgästen auf die Füße trat. Das kleine Licht hing wohlweislich draußen am Gebäude. Zu hoch wäre die Feuergefahr, wenn es hier drinnen hing, wo so viel leicht Entzündbares wie Stroh und Heu herumlag.

Alle anderen lagen noch in tiefem Schlaf, wobei das Geschnarche eines älteren Mannes, der wohl tags zuvor zu viel Alkohol getrunken hatte, förmlich die Balken zum Biegen brachte. Pettia zog sich ihre Kleidung an, schlang die bunt gefärbte Wolldecke um sich und schloss die Fibel. So konnte ihr die Decke nicht mehr von den Schultern gleiten. Draußen erkannte sie, dass das Licht, welches ihr durch die Schlafenden hindurch den Weg gewiesen hatte, eine Fackel war, die von einem jungen Mann gehalten wurde. Der war extra vom Tempel ausgeschickt worden, um sie und ihren Vater mit dem Wagen zur Grabstelle zu führen. Pettia wusste ja, wo das ist, aber anscheinend war man darauf bedacht, dass die heutigen Abläufe ohne Probleme verliefen. Redios war dabei, die Tiere vor den Wagen zu spannen, sodass Pettia noch etwas Zeit blieb, um sich das Gesicht zu waschen und sich das Stroh von ihrem Lager aus dem Haar zu kämmen.

„Na los, kommt schon! Wir werden bereits an der Begräbnisstätte erwartet!“

Mit diesen Worten drängte sie der Fackelträger zur Eile und ihr Vater ermahnte sie, endlich aufzusteigen. Pettia zog es aber vor zu laufen, denn dadurch wurde ihr trotz der morgendlichen Kühle wärmer. Außerdem trieb ihr dies den Rest von Müdigkeit aus den Gliedern. Immerhin konnte man, wenn sich die Augen an die Dunkelheit gewöhnt hatten, den Weg erkennen. Die Bäume, Sträucher und Gebäude der Umgebung waren jedoch nur schemenhaft erkennbar. Gleich den Menschen schlief auch die Tierwelt. Kein Vogel war zu hören. Lediglich der Wind blies durch die Baumkronen und brachte diese zum Rauschen.

Wo ihr Ziel lag, war deutlich an dem Feuerschein erkennbar, der in der Ferne hell leuchtete. Als sie mit ihrem schweren Ochsengespann am Begräbnisplatz angelangt waren, erkannten sie rund um das Grab zahlreiche große, hell leuchtende Fackeln, die zusammen mit Holzfeuern das Gelände taghell erleuchteten. Familienangehörige des Toten, Druiden und Klageweiber waren bereits dabei, das Grab einzurichten. Die Grabkammer war im nun fertigen Zustand weitaus prächtiger, als Pettia sie vor wenigen Tagen gesehen hatte. Dass in der Kammer Leute am Arbeiten waren, konnte sie nur an den Stimmen, die von dort herausdrangen, vernehmen. Erst beim näheren Hintreten erkannte sie drei Männer, die dort unten die Grabbeigaben ordneten. Die Grubentiefe maß immerhin fast die Höhe eines erwachsenen Mannes. Die Ausmaße waren ihr ja noch bekannt, aber im Unterschied zum letzten Mal waren die Wände nun bis zur Oberkante mit Baumstämmen ausgekleidet. Eine riesige Grabkammer lag nun im Halbdunkel des erwachenden Tages vor ihr.

Pettias Vater fuhr den Wagen, dabei schnalzte er mit der Zunge und dirigierte die Ochsen zusätzlich mit einem Stock bis knapp an den Grubenrand heran. Sogleich wurde ein Teil der Amphoren entladen und in zwei Ecken der Grabkammer zusammengestellt. Alles, was der Verstorbene im Jenseits benötigte, war in seinem Grab zu finden. Neben den von Redios gelieferten Weinamphoren standen auch Tongefäße mit allerlei Speisen darin. Mehrere halbierte Wildschweine und sogar die Hinterkeule eines geschlachteten Rindes lagen daneben. Eine Vielzahl verschiedener Ton- und Bronzegefäße, mehrere Messer, ein langes Hiebmesser zum Zerteilen des Fleisches sowie ein kunstvoll geschmiedeter Grillrost erlaubten dem Verstorbenen, auch im Jenseits eine Großzahl Gäste zu bewirten. An den mit bunten Stoffbahnen behängten Kammerwänden hingen mehrere mächtige Trinkgefäße, die aus den Hörnern von Auerochsen gefertigt waren. Ihre Mündungen waren zusätzlich mit scheinbar goldenen Rändern kunstvoll überzogen. Ihnen gegenüber hingen zwei Bögen und ein aus Leder gefertigter Köcher mit Pfeilen, die Jagdwaffen des Fürsten. Darunter lagen, sorgsam in Tüchern eingewickelt, seine Speere und Lanzen, daneben zu Bündeln verschnürte Kleidungsstücke für alle Jahreszeiten. Stellvertretend für sein Reitpferd hatte man das Pferdegeschirr des Fürsten mit zu den Waffen gelegt. Ein bronzener Spiegel und ein ebensolches Rasiermesser mit Punktaugenverzierung sollten dem Toten im Jenseits zur Körperpflege dienen. Es waren so viele Sachen in das Grab gepackt, dass den darinstehenden Männern kaum Raum blieb, um sich zu bewegen. Vorsichtig gingen sie in der Kammer hin und her. Lediglich eine Ecke des Raumes war leer geblieben. Auf dem Boden lag nur eine gewebte Decke.

„Hier werden dann wohl die verbrannten Reste von Fürst Teutactos ihre letzte Bleibe finden", dachte Pettia, die ehrfurchtsvoll und schweigend das alles beobachtete.

Neben dieser Stelle lag der mächtige und mit drachenartigen Wesen bemalte Schild des Fürsten.

Nachdem sie alles angeordnet hatten, verließen die drei Männer das Grabinnere. Mittlerweile begann es, richtig hell zu werden. Bald würden nun die Zeremonien zur Totenfeier beginnen. Immer mehr Leute strömten bereits zu dem Wohnhaus des verstorbenen Fürsten. Wie um ihn noch ein letztes Mal die Sonne erblicken zu lassen, ging eine strahlende Sonnenscheibe in leuchtendem Gelb am Horizont auf. Noch warf sie lange Schatten. Doch wenn sie erst richtig am Himmel stand, dann würde sich der Leichenzug in Bewegung setzen. Pettia parkte den Wagen ihres Vaters mit dessen Hilfe zur Seite, um die Feierlichkeiten nicht zu behindern. Sie schirrten die beiden Ochsen ab und banden sie an einen kleinen Baum. Von ihrem jetzigen Standpunkt aus konnten sie den größten Teil des Weges zur Grabstätte überblicken. Überall versammelten sich Gruppen von Menschen entlang des Weges, den der Totenzug nehmen würde.

Dann, als die Sonne weiter am Himmel emporgerückt war, hörten beide einen dumpfen Trommelhall, auf den die Kriegshörner, die Carnyxe der Treverer und übrigen Stämme mit schauerlichem Geheule antworteten. Ein letztes Mal ertönten sie für den toten Anführer. Unter ihrem Klang hatte er seine Krieger oft und siegreich ins Schlachtengetümmel geführt. Als ihre Signale abbrachen, hörte man das schrille Geheul vieler Klageweiber. Schließlich sah Pettia, wie der Leichenzug sich auf den Weg Richtung Grabstätte begab. Bei den Gruppen, die der Wagen passierte, wurden kleine Mengen von Heu auf den Weg gestreut. Im Sommer wären es

Blumen gewesen, aber jetzt, wo der Winter bald kam, gab es freilich kaum Blumen mehr. Nachdem der Wagen mit dem aufgebahrten Toten die am Weg Stehenden passiert hatte, schlossen sich diese dem Trauerzug an. Unmittelbar hinter dem Toten gingen die getreuesten Krieger des Verstorbenen. Die trugen Teile seiner Prunkkleidung und sein Schwert mit sich. Dahinter gingen die Druiden, welche sich in ihren schlichten, aber edlen Gewändern, die mit ihren religiösen Insignien versehen waren, von allen anderen Trauernden abhoben. Nach ihnen folgten die Familienangehörigen und hinter diesen die Mitglieder des treverischen Adels, im Gefolge ihrer Krieger. Dazwischen und um den Wagen des Toten herum liefen die Klageweiber mit aschebestäubtem Haar. Sie stießen weiterhin ihre Klagelieder an, während der Rest der Anwesenden schwieg.

Hinter diesen reihten sich weitere Gruppen. Es waren Abordnungen aller Teilstämme der Treverer, viele Entsandte gehörten zu den belgischen Stämmen. Angeblich waren da Aduatuker, Ambianer, Atrebaten, Bellovaker, Caeroser und Condruser dabei, wie Redios seiner Tochter zuraunte. Aber Pettia wusste diese nicht zu unterscheiden. Sogar eine Abordnung stämmiger Germanen von jenseits des Rhenus waren extra angereist. Zu ihnen gab es wohl verwandtschaftliche Bande, wie Pettia von Vectimarus gehört hatte. Überhaupt, wo war dieser eigentlich? In dem großen Leichenzug konnte sie ihn bisher nicht entdecken.

Schließlich war der Zug bis zu ihnen vorgerückt. Pettia erkannte den Leichnam, den man auf dem prunkvoll beschlagenen und mit kostbaren Fellen belegten Wagen aufgebahrt hatte. Eines der Pferde des Verstorbenen zog den Wagen. Nun schlossen auch sie und ihr Vater sich ehrfürchtig dem Zug an. Der Wagen hielt kurz darauf neben einem hohen Stapel aus aufgeschichtetem Brennholz und Reisig. Unter dem Greinen der Klageweiber und dem Gemurmel der Druiden hoben vier Krieger den toten Fürsten mithilfe der Holztrage, auf der er auf dem Wagen lag, empor. So trugen sie seinen Leichnam zu dem mächtigen Scheiterhaufen. Die Trauergäste hatten sich mit Abstand um den Scheiterhaufen versammelt und sahen dem folgenden Geschehen zu. Jetzt verstummte das Klagen der Weiber. Außer einigen Säuglingen und Kleinkindern hörte man nur noch ein Gekrächze von Raben und Krähen, denn auch der Gesang der Vögel war scheinbar verstummt. Nachdem der Leichnam des Fürsten sorgsam auf den Scheiterhaufen gelegt und mit den restlichen, auf dem Wagen liegenden Klei-

dern prächtig ausgestattet war, traten die Krieger zurück und der Älteste der Druiden trat an den Scheiterhaufen heran. Noch ein letztes Mal blickten er ehrfürchtig auf den Toten, der in seinem ganzen Prunk selbst jetzt, als er den Weg zu den Ahnen antrat, prächtig anzusehen war. Sein goldener Torques glänzte im Schein der Fackel. Mehrere bronzene und eiserne Fibeln hielten seine Kleidung, die vorwiegend in einem kräftigen Blauton gehalten war. Wenn er am Ziel seiner Reise angelangt war, so würde er das Jenseits als stolzer, prächtiger Mann betreten.

In einer unverständlichen, alten Sprache die Götter preisend, entzündete der oberste Priester mit der Fackel in seiner Rechten den Scheiterhaufen. Schon leckten die Flammen an dem untenliegenden Stroh, um das Reisig und schließlich die dicken Holzscheite zu entzünden. Als das Feuer den Leichnam erreichte, warf der Druide ein Pulver hinein, sodass urplötzlich eine hoch lodernde, goldgelbe Stichflamme emporschoss. Pettia blickte erschrocken und fasziniert in das Feuer hinein. War diese Stichflamme ein Zeichen der Götter? Hatte sie tatsächlich soeben ein Zeichen der Götter miterleben dürfen? Sie wusste nicht, wie sie das Ganze deuten sollte, als wie auf Kommando Klageweiber wieder mit ihrem grellen Geheul ansetzten. Auf den Knien sitzend, beugten sie immer wieder den Körper Richtung Scheiterhaufen und beklagten den Tod ihres Fürsten. Einige der Umstehenden, meist ältere Frauen, rauften sich ihre schon grauen Haare. Andere der Anwesenden begannen, ergriffen lauthals zu weinen. Die meisten aber standen stumm und ehrfürchtig am Ort des Geschehens und sahen dem munteren Spiel der am Leichnam empor leckenden Flammen zu. Die Kleidung des Toten brannte bereits. Man konnte den Leichnam aufgrund der hoch lodernden Flammen aber nicht mehr erkennen.

Während die Flammen weiter ihre Arbeit verrichteten, nahm einer der umstehenden Druiden das Schwert des Fürsten, ging zu dem Oberpriester und hielt ihm ehrfürchtig den Griff des Schwertes entgegen. Der Oberpriester nahm den Griff, zog das Schwert aus seiner Scheide und hielt es unter Anpreisung der Götter huldvoll gen Himmel. Dann steckte er es in seine Scheide zurück, steckte die Waffe zwischen zwei Holzpfähle und verbog sie unter großer Kraftanstrengung, bis sie fast kreisrund verbogen war. Gleiches tat er mit dem langen Kampfmesser des Fürsten. Die verbogenen und damit für den Kampf unbrauchbaren Waffen sollten dem

Toten später mit ins Grab gegeben werden. Im Jenseits würde er keine Waffen mehr benötigen und in der hiesigen Welt sollte sie kein anderer mehr benutzen. So war es Tradition seit Generationen.

Die Zeremonien dauerten so lange an, bis der Scheiterhaufen vollkommen verbrannt war. Zum Glück stand Pettia entgegen der Windrichtung, sodass sie von dem anfangs noch starken Geruch des verbrennenden Leichnams nichts mitbekam. Währenddessen wurden die Reste des Scheiterhaufens immer wieder zusammengelegt, damit auch die letzten Teile sorgfältig verbrannten. Priester umschritten unter dem Gemurmel von Gebeten und Lobpreisung der Heldentaten des Toten fortwährend den Scheiterhaufen. Dabei zerschlugen sie noch mehrere prächtige Tongefäße. Letztlich stieg nur noch etwas Rauch aus einem Aschehaufen empor. Voredos, der getreue Kämpe des verstorbenen Fürsten und Überbringer der Todesnachricht, trat nun, mit einem großen Beutel aus bunt gemustertem Stoff, an den Rand des rauchenden Aschehaufens. Zwei Druiden sonderten die Leichenbrandreste aus der inzwischen abgekühlten Asche aus. Nachdem diese endgültig erkaltet waren, füllten sie die verbrannten Reste des Totenkörpers in den Sack hinein und verschlossen diesen mit einem eisernen Draht. Danach weihte der Oberpriester das Behältnis und Varedos trug es in dessen Begleitung zu der Grabkammer hin. Die Trauergäste positionierten sich nun um die Kammer herum. Ganz vorne standen Fürst Indutiomarus, seine Söhne sowie der restliche Stammesadel mit der Familie des Toten. Die übrigen Teilnehmer hielten sich, ebenso wie Pettia und ihr Vater, etwas im Hintergrund des Geschehens. Aber Pettia sah dennoch, wie Voredos zwei in dem Grab wartenden Druiden den Beutel mit dem Leichenbrand überreichte und diese ihn auf dem freien Platz in der Grabkammer auf der Decke abstellten. Der Oberpriester reichte auch das verbogene Schwert und das Messer hinab. Dieses wurde als Letztes auf den Schild neben dem Leichenbrand gelegt.

Nachdem die Druiden aus dem Grab emporgeklettert waren, wurde sofort und unter Beteiligung der ehemaligen Leibwache des Verstorbenen damit begonnen, die Grabkammer zu verschließen. Hierzu wurden vorbereitete Balken über die Kammer gelegt. Danach wurden über die Kammerdecke Grassoden ausgebreitet und anschließend das Grab oberirdisch eingeebnet.

Währenddessen vollführten die Druiden am Grabesrand eine weitere Zeremonie. Die restlichen Weinamphoren wurden nun geöffnet und an alle Anwesenden, die wohlweislich Trinkbecher mitgebracht hatten, jeweils ein Becher des von Redios eingekauften Weins ausgeschenkt. Hatte jemand seinen Becher gefüllt bekommen, so stellte er sich damit an den Grabesrand, sprach ein stummes Gebet, verbeugte sich, trank einen kleinen Schluck des Weins und goß den Rest über dem Grab aus. Symbolhaft nahmen die Trauergäste damit noch einen allerletzten Trank gemeinsam mit ihrem Fürsten ein. Als alle Amphoren so geleert waren, wurden die tönernen Amphoren am Grab zerschlagen, die Scherben um das Grab herum zerstreut.

Unter einem letzten Gebet des Oberpriesters begann sich die Trauergemeinschaft nun aufzulösen. Die eingeladenen Gäste gingen zurück zum Hof des Verstorbenen, um dort unter Führung von Fürst Indutiomarus das Totenmahl einzunehmen. Diese Zeremonie würde noch bis zum nächsten Morgen dauern. Auch dabei würde wieder viel Wein fließen, mutmaßte Pettia.

Da die Zeremonien den ganzen Tag über gedauert hatten, begann die Sonne bereits wieder in das Jenseits einzutauchen. Vermutlich begleitete sie den Verstorbenen nun auf seinem Weg in die Anderswelt.

Pettia und ihr Vater schlossen sich den nach Hause zurückkehrenden Menschen an und führten ihre Ochsen mit dem Karren zur Schänke zurück.

Unterwegs sagte Redios zu seiner Tochter: „Hast du das mit den Amphoren bemerkt?"

„Nein", antwortete sie, aus ihren Gedanken gerissen. „Was meinst du damit? Mit ist nichts aufgefallen."

„Na, ich habe mal mitgezählt. Zehn Amphoren wurden in das Grab gegeben. Bleiben 14 Rest. Bei den Trinkzeremonien sind aber nur 13 Amphoren Wein ausgeschenkt worden. Na, fällt dir was auf? Es fehlt eine Amphore. Und ich kann mir auch schon denken, was damit passiert ist!"

„Was denn, Vater?", fragte sie, neugierig geworden.

„Nun, die hat mit Sicherheit der gierige Saufkopf von Druide unterschlagen. Der, der bei uns an der Schenke war, dreimal vom Wein kosten musste, als er ihn geordert hat. Der war heute Morgen auch mal an unserem Wagen zugange, als die Amphoren entladen wurden. Ich habe ihn deutlich an seiner roten Alkoholnase erkannt. Ich sollte das den Wachen des Fürsten mitteilen. Dieser schlitzohrige Mistkerl! Seinen Herrn so zu hintergehen und das während der Begräbnisfeierlichkeiten!"

„Vater, nein!", sagte Pettia aufgebracht. „Was soll das Ganze? Du hast deine Bezahlung erhalten und wir haben beste Geschäfte gemacht. Der Priester hingegen ist ein armer, bedauernswerter Kerl, der dem Alkohol verfallen ist. Wenn du den jetzt anzeigst – du weißt, was dann passieren wird! Wenn er Glück hat, wird er sofort getötet werden. Wenn er Pech hat, werden sie ihm die Zunge rausreißen, damit er nie mehr essen oder trinken kann und ihn anschließend an einen Pfahl anbinden, bis er tot ist. Ich bitte dich, mach das nicht", sprach sie sichtlich aufgeregt wegen des grauenhaften Schicksals, dass den Druiden unerbittlich treffen würde.

Nach einiger Zeit blickte Redios sie an, schaute ihr tief in die Augen und sagte nur: „Meine Tochter! Genau wie deine Mutter bist du großherzig und ein guter Mensch. Ich bin stolz auf dich, Pettia. Und du hast Recht. Lassen wir dem Priester sein Vergnügen. Ich werde ihn nicht anzeigen."

Damit nahm er sie in seine Arme und drückte sie herzlich, strich ihr mit versonnenem Blick über ihr schönes Haar und sagte nochmals leise: „Ich bin stolz darauf, dich bei mir zu haben, meine kleine Große!"

So fassten sie ihre Ochsen am Zügel und gingen in deren langsamem Schritt hinauf zur Schenke.

Abschied

Am nächsten Tag reisten viele der Trauergäste wieder ab. Auch Pettias Vater Redios drängte nun auf die Abreise. Seine Handelswaren waren zum allergrößten Teil verkauft. Teils waren sie bereits durch neue Waren, wie typisch treverische Tongefäße, einige schöne Stücken von verzierte Pferdezaumzeug und vielen spitzen Eisenbarren für die Schmiede in ihrer Heimat ersetzt. Redios, immer auf gute Geschäfte bedacht, hatte also schon wieder kräftig eingekauft. So kannte sie ihren Vater. Schon am nächsten Tag wollte er abreisen. Zuvor ging er jedoch los, um sich seinen Erlös für die gelieferten Weinamphoren auszahlen zu lassen und eigene Rechnungen zu begleichen.

Während Pettia an der Schenke wartete, sprach man bereits davon, dass sich Indutiomarus mit seinem Schwiegersohn Cingetorix noch während des Totenmahls am gestrigen Abend endgültig entzweit hätte. Lediglich das Gesetz der Waffenruhe während Feierlichkeiten hätte es verhindert, dass Indutiomarus seinen Widersacher zum Kampf gefordert hätte. Er wahrte aber die alten Sitten und Gesetze auf strengste Art und Weise. Dies hatte Cingetorix dazu genutzt, noch während des Beisammenseins von den Vorteilen eines Bündnisses mit den Römern zu sprechen und zum Verrat an der keltischen Sache aufzurufen. Einige von Indutiomarus' Kriegern hatten schon zu den Waffen greifen wollen, als dieser ihnen Einhalt gebot und seinen Schwiegersohn anwies, am nächsten Morgen frühzeitig abzureisen, bevor er seine Getreuen nicht mehr zurückhalten könne. Die Regeln der Gastlichkeit geböten es ihm, Cingetorix wegen seines Verhaltens und Missachtens der Regeln die Tür zu weisen. Daraufhin verließ dieser mit seinen Anhängern die Runde, reiste sogar noch am selben Abend ab. Nun war auch denen, die zuletzt noch auf eine Einigung der Fürsten gehofft hatten, klar, dass die Kelten wieder einmal uneins im Falle einer äußeren Bedrohung waren und auch bleiben würden. Dies gerade jetzt, wo die Römer schon ganz Südgallien unter ihre Kontrolle gebracht hatten und sich ihre Legionen im ganzen Keltenland einnisteten!

Aber Pettia machte sich diesmal keine Gedanken hierüber. Sie nutzte diesen letzten Tag dazu, um mit Vectimarus nochmals auf Streifzug zu gehen. Der hatte von seinen Eltern frei bekommen, denn es waren ja kaum noch Gäste im Gasthaus. Gemeinsam durchzogen sie die umliegenden Wälder, versuchten erfolglos, Flusskrebse zu fangen und beobachteten eine Horde Wildschweine beim Durchwühlen des Bachgrundes nach essbaren Bucheckern. Aber es wollte keine rechte Stimmung bei ihnen aufkommen. Beide wussten, dass sie sich heute vermutlich letztmals sahen und hingen diesen trüben Gedanken hinterher. Sie erinnerten sich ihrer gemeinsamen Abenteuer, lachten nochmals über die Ereignisse auf dem Burgberg, aber immer klang in ihren Worten etwas Wehmut mit. Am frühen Abend musste Vectimarus noch zu seinem Vater, um diesem beim Schlachten eines Schweins zur Hand zu gehen. Auch die wenigen, verbliebenen Gäste mussten natürlich mit Speisen versorgt werden und die Vorräte der Schenke waren nach den letzten Tagen beachtlich geschwunden. Pettia selbst mochte zwar den saftigen Schweinebraten, den Vectimarus' Mutter so gut mit Kräutern und Salz aus ihrer Heimat, dem Mediomatrikerland, zu würzen verstand. Doch war das Schlachten nicht ihre Sache. Einmal musste sie zu Hause beim Schlachten helfen. Ihre Aufgabe war es gewesen, das noch frische Blut zu rühren, damit es nicht gerann, denn das wurde für die gute Blutwurst gebraucht. Aber als ihr der warme Blutgeruch in die Nase gedrungen war, da war es ihr speiübel geworden und sie war neben dem Bottich sogar in Ohnmacht gefallen. Seither konnte sie diesen Geruch nicht mehr ertragen und vermied es, in die Nähe einer Schlachterei zu kommen. Deshalb zog sie es vor, nach Vaters Ochsen zu sehen. Etwas traurig begann sie die letzten Reisevorbereitungen zu treffen und ihre persönlichen Dinge zu verpacken.

Als sie am nächsten Morgen die Augen aufschlug, hatte Redios bereits sein Lager abgebrochen und war gerade dabei, die Ochsen einzuspannen. Pettia war nur mühsam eingeschlafen, mehrmals in der Nacht aufgewacht und hätte daher am liebsten den Morgen weiter auf ihrem kuscheligen Lager verbracht. Aber Redios mahnte Pettia zur baldigen Abfahrt. Diese ging, nachdem sie sich am Brunnen die restliche Müdigkeit mit kaltem Wasser vertrieben hatte, noch einmal in die Herbergsküche, wo Vectimarus gerade Gemüse säuberte. Als er sah, dass Pettia Tränen in den Augen hatte, nahm er sie ganz fest in die Arme. Wortlos standen sie eng beisammen und wussten auch so, dass sie beide die Trennung sehr bedauerten. Er hielt sie so lange, bis seine Mutter plötzlich hereinkam und beide sich verschämt voneinander lösten. Heimlich drückte Vectimarus Pettia eine kleine Holzfigur in die Hand. Er habe sie selbst geschnitzt, und sie solle Pettia auf ewig beschützen, sagte er zu ihr mit ernster Miene. Außerdem solle das Figürchen sie daran erinnern, dass sie hier einen guten Freund habe, der sich sehr darauf freue, sie einmal wieder zu sehen. Er versprach ihr auch, sie eines Tages in Divodurum besuchen zu kommen. Aber beide wussten, dass dies schon in ruhigen Zeiten schwierig war. Und derzeit war alle Zukunft im Nebel der Zeiten verborgen. Selbst die Wahrsager konnten ja keine klaren Prognosen stellen. Dennoch gingen sie in der Hoffnung auseinander, sich wirklich eines Tages wieder sehen zu können. Wer weiß, vielleicht führten Pettias Wege an der Seite ihres Vaters sie irgendwann einmal wieder hierhin zurück.

„Auf Wiedersehen, Vectimarus. Es ist schön, dich als Freund zu haben! Und halt dich von Orgetos fern“, sagte sie ihm mit einem Augenzwinkern.

„Bleib gesund, Pettia, und eine glückliche Heimkehr“, rief er ihr mit einer Träne in den Augen nach.

Sie hatte inzwischen die Schenke schnell verlassen, wollte damit den Abschiedsschmerz verkürzen.

Von draußen hatte sie Redios‘ Ruf gehört, der bereits zum wiederholten Mal zum Aufbruch gemahnt hatte. Mit den langsamen Ochsen als Zugtiere benötigten sie viel Zeit bis zu ihrem ersten Tagesziel. Vectimarus, der trotz des Abschiedsschmerzes nach draußen geeilt war, winkte Pettia so lange nach, bis der Wagen um die Kurve in das Flusstal bog und sie sich seiner Sicht entzog. Zuvor winkte auch sie ihm unter Tränen noch ein letztes mal zu. „Lebe wohl, Vectimarus!“, sagte sie mehr zu sich selbst. Als sie aber Vectimarus‘ Holzfigur in ihrer Hand spürte, entnahm sie dieser die nötige Kraft, die sie für den Abschied brauchte. Plötzlich verspürte sie auch die feste Gewissheit, dass sie eines Tages zu ihrem Freund zurückfinden würde!

Im Gegensatz zu seiner Tochter war Redios glücklich, nach Hause zurückkehren zu können. Letztendlich hatte er ja einen sehr erfolgreichen Handel abgeschlossen, eigentlich den besten der letzten Jahre überhaupt. Andererseits war er froh, bei der allgemein unsicheren Lage bald wieder zu Hause zu sein.

Als sie auf Höhe des Fürstengrabes waren, musste Pettia an all ihre gemeinsamen Erlebnisse mit Vectimarus denken. Ihr Glück, dass Vectimarus sie vor dem wilden Pferd gerettet hatte, die riesigen Erzgruben, ihre Erlebnisse auf dem Burgberg und natürlich das Begräbnis des Fürsten. Sie hoffte inständig, noch einmal mit ihrem Vater hierher zurückzukehren, um mit Vectimarus neue Abenteuer erleben zu können. Vom entfernten Bergrücken mit dem großen Hügelgräberfeld blickte sie noch ein letztes Mal zurück und dorthin, wo ihr Freund auf sie warten würde.

Und oben thronte die mächtige Festung im klaren Sonnenschein.

Ob Pettia ihren Freund Vectimarus jemals wiedergesehen hat, ist nicht bekannt. Vermutlich werden die bald darauf einsetzenden, die keltische Welt umwälzenden Ereignisse Pettias und Vectimarus‘ Wunschdenken einen Riegel vorgeschoben haben. Im Gegensatz zu Pettia und ihrem Vater, von denen keinerlei Nachrichten erhalten sind, darf man vermuten, dass Vectimarus wohl in der Region um den Ringwall bei Otzenhausen weiterhin wohnte, auch in der Zeit nach unserer Geschichte. Jedenfalls haben Archäologen rund 2.000 Jahre später bei Gusenburg, nahe der Stadt Hermeskeil, einen römerzeitlichen Grabstein für einen Mann namens Vectimarus entdeckt. Vielleicht geht der Name dieses Mannes auf einen Vorfahren zurück, der in jungen Jahren ein Mädchen aus Divodurum namens Pettia kannte?!

Ende

Die Treverer und die zeitgeschichtlichen Geschehnisse im Spiegel der Kriegsberichte des Gaius Julius Caesar

Die Geschichten und Erlebnisse der einfachen keltischen Bevölkerung, wie wir sie in unserer Geschichte über Pettia und Vectimarus erzählen, sind uns heute verloren. Wohl wissen wir aber über die großen historischen Ereignisse derer Bescheid, welche die Geschicke der Völker bestimmten.

Gaius Julius Caesar, römischer Konsul und Oberbefehlshaber des römischen Heeres, hat als Rechenschaftsbericht dem römischen Senat gegenüber eine Kriegsgeschichte „De bello gallico“ verfasst. Lateinschüler werden ein „Lied davon singen“ können... In seinen sieben Jahrbüchern der Jahre 58 bis 51 vor Christus erwähnt er wiederholt die Treverer, welche in Teilen schon seit Beginn des Krieges gegen die Römer kämpften und im Ruf besonderer Tapferkeit standen. Sie verfügten, nach Caesar, auch über die bedeutendste Reiterei aller Keltenstämme.

Vor allem die Bücher der Jahre 54 und 53 vor Christus sind durch den hartnäckigen Widerstand der Treverer gegen Caesars Legionen für uns interessant. Es ist die Zeit, in der auch die Geschichte der Freundschaft zwischen Pettia und Vectimarus spielt. In dieser begegnen uns auch die beiden treverischen Fürsten Indutiomarus und Cingetorix, eben jene Widersacher, die wir ja bereits aus der Erzählung kennen. Die Indutiomarus treuen Treverer mussten 54 vor Christus 200 Geiseln an Caesar stellen, da der ihnen gegenüber misstrauisch geworden war. Sie waren nicht zu einer von Caesar einberufenen Versammlung erschienen. Außerdem war ihm zu Ohren gekommen, dass Indutiomarus zum Krieg aufrüsten würde. Unter den gestellten Geiseln, die Caesar während seines Feldzuges gegen die britischen Keltenstämme mit auf die Insel nahm, waren auch ein Sohn und viele Verwandte des Indutiomarus. Wie dieser Sohn wohl hieß? Niemand wird es je erfahren.

Cingetorix, das wissen wir bereits, war der Schwiegersohn von Indutiomarus und mit einer, uns ebenfalls namentlich unbekannten Tochter des Indutiomarus vermählt. Cingetorix hegte Sympathien für die Römer und war Caesars Befehl, zur Versammlung zu erscheinen, demgemäß auch gefolgt. Dort versicherte er Caesar seine Gefolgschaft und Freundschaft.

Indutiomarus musste in seinem weiteren Vorgehen also sehr bedacht sein. Mit der Stellung von Geiseln und einer für Caesar unbefriedigenden Ausrede über sein Fernbleiben bei der Versammlung war er zunächst vor weiteren Folgen verschont geblieben. Er wäre nur deshalb nicht erschienen, sagte er, um sein Volk während seiner und des gesamten Adels Teilnahme an der auswärtigen Versammlung vor einer Dummheit zu bewahren. Dies versicherte er Caesar gegenüber. Wahrlich keine sehr glaubwürdige Ausrede. Er wusste auch, dass der römische Feldherr ihn nun im Auge behalten würde und er sich keine weiteren Fehler erlauben dürfe. Dennoch hatte Indutiomarus nicht genügend Verbündete, um seinem römischen Gegner offen im Kampf begegnen zu können. Er versicherte Caesar deshalb, zukünftig ihm gegenüber gehorsam zu sein.

Caesar wiederum war von seinen Kriegsvorbereitungen gegen Britannien so in Anspruch genommen, dass er sich mit Indutiomarus´ Versprechen zufrieden gab. Zugleich berief er aber die anderen Führer der Treverer zu sich und versuchte, sie einzeln für Cingetorix, der ja sein Verbündeter war, zu gewinnen. Auf diese Art und Weise wollte Caesar die Macht des Indutiomarus brechen.

Der Trevererfürst wurde natürlich über diese Intrigen Caesars informiert. Er reagierte darauf umso verärgerter. Bereits im Frühjahr dieses Jahres 54 vor Christus hatte er deshalb versucht, Verbündete im Kampf gegen den verhassten Römer zu finden. Umso intensiver begann er nun, nachdem Caesar seine ganze Aufmerksamkeit Britannien widmete, Truppen für einen Kriegszug anzuwerben.

Caesar focht auch gegen die Inselkelten einen erfolgreichen Kampf und segelte danach wieder über den Kanal zurück aufs Festland. Aufgrund einer schlechten Ernte in Gallien musste er seine Truppen in verschiedene Garnisonen aufteilen. So wollte er die Winterverpflegung an Getreide für seine Soldaten sicherstellen. Die vierte Legion unter dem Befehl des

Titus Labienus sollte deshalb im Gebiet der Remer nahe der Grenze zu den Treverern überwintern.

Diese Schwächung der römischen Streitkräfte wollte sich Indutiomarus nun zunutze machen. Mit vereinten Kräften die Römer in Teilen, Legion für Legion zu besiegen, das war sein Plan. Scharfsinnig hatte er erkannt, dass die römischen Truppen mit ihren kämpferischen Fähigkeiten nur so zu überwinden wären. Indutiomarus´ Werbung begann tatsächlich, Früchte zu tragen. Er warb immer mehr Truppen an, übte und schwor sie auf den Kampf ein. Er begann Pferde zur Ausstattung von Reitereinheiten aufzukaufen und warb in erster Linie unter den Kelten, die bereits viel Leid unter Caesar erfahren hatten und deshalb besonders empfänglich für Rache waren. Lediglich die Germanen verschlossen sich größtenteils seiner Werbung. Denn nach deren letzten Niederlagen gegen die Römer wollten sie ihr Glück nicht noch einmal aufs Spiel setzen. Dennoch verschaffte der Trevererfürst sich hohes Ansehen und von allen Seiten strömten Gesandtschaften herbei, die im Namen ihrer Stämme um Freundschaft baten. Er berief dann gegen Ende des Jahres 54 vor Christus einen Landtag ein, was nach keltischer Sitte den Kriegsbeginn bedeutete. Zu diesem Landtag, so war es Gesetz, mussten alle wehrfähigen Männer mit ihren Waffen erscheinen. Wer als Letzter erschien, wurde, laut Caesar, im Beisein der Anwesenden auf das qualvollste hingerichtet. Hier hielt Indutiomarus nun eine flammende Rede an das Kriegsvolk. Er beschwor die Einigkeit der Kelten und ihre große Tapferkeit. Er versicherte ihnen, dass sie durch ihre Entschlossenheit in der Lage wären, die römischen Invasoren aus dem Lande zu jagen. Er hetzte über die unersättliche Gier Caesars nach Macht und Reichtum. Seinen Schwiegersohn Cingetorix, der bei dem Thing und den Todesfeierlichkeiten des Teutactos zum wiederholten Mal seine verräterische Seele offenbart hatte, erklärte er mitsamt seinen Anhängern nun zum Staatsfeind. Jedermann solle ungestraft den Cingetorix töten dürfen. Außerdem sei dessen Eigentum konfisziert. Unter dem Jubelgeschrei Tausender Krieger proklamierte er den Römern den Krieg und verkündete, dass die verwandten Stämme der Senonen, Carnuten und andere gallische Stämme ihn um Hilfe gebeten hätten. Dorthin wolle er eilen und dabei das Land der Remer durchqueren.

Bevor er das Land der abtrünnigen keltischen Remer verwüsten konnte, müsse aber das Legionslager des Titus Labienus mit seiner vierten römischen Legion dem Erdboden gleichgemacht werden. Mit vereinten Kräften und der Gunst der Götter würden sie es schaffen, Lager für Lager der Römer zu zerstören und die verhassten Feinde dorthin zu verjagen, wo sie hergekommen waren – nämlich nach Süden, bis zum Mittelmeer. Seine letzten Worte verhallten im brausenden Jubelgeschrei der zu allem entschlossenen Kämpfer. Mit ihrem Kampfgeschrei, dem rhythmischen Klopfen ihrer Schwerter und dem ohrenbetäubenden Signalruf vieler Carnyxe wurde jedem klar, dass es nun in den entscheidenden Kampf gegen die Römer ging.

Titus Labienus, der Befehlshaber der vierten römischen Legion, hatte währenddessen und nichts ahnend im Stammesgebiet der Belger ein Lager errichten lassen. Dieses war taktisch gut platziert und mit einer Vielzahl an Schanzgräben und Schutzwällen umgeben. Mehrere V-förmige Gräben, ein breiter Wall von Dornengebüsch und unzählige, versteckt angelegte Fallgruben, deren Boden mit angespitzten Holzspießen bedeckt waren, sicherten sein Lager vor einem Angriff. Als er durch Spione des Cingetorix über den beabsichtigten Angriff der verbündeten Kelten unter Indutiomarus gewarnt wurde, schickte Labienus Boten zu den verbündeten keltischen Nachbarstämmen, berief von dort alle Reiter in sein Lager ein und erwartete so den Angriff des Feindes.

Nachdem Indutiomarus mit seinen Truppen vor dem Lager angekommen war, ließ sich Labienus durch keinerlei List der Kelten daraus hervorlocken. Die keltischen Krieger ritten bald täglich vor dem Römerlager auf und ab, und verhöhnten dabei die Römer und deren Verbündete als Feiglinge. Indutiomarus ließ auch das Lager auf das Genaueste erkunden. Aber es fand sich keine Möglichkeit für einen erfolgreichen Angriff.

Labienus hingegen wartete auf seine Chance, um mit seiner Reiterei einen Ausbruch zu starten. Er hielt alle seine Leute innerhalb der Verschanzung zurück und ließ die Angreifer glauben, er hätte Furcht vor ihnen.

Tag für Tag rückten Indutiomarus und seine Reiter vor dem Römerlager auf, ohne dass sich einer der Verteidiger zeigte. Selbst als die Angreifer ihre Speere in das Lager schleuderten, reagierten die Römer nicht auf diese Herausforderung. Die für die Kelten so ehrenhafte und damit bedeutende Aufforderung zu einem Zweikampf ließ die disziplinierten, römischen Soldaten jedoch kalt. Dadurch stiegen die Verachtung und Geringschätzung gegen die römischen Legionäre umso mehr. Zuletzt ließ dieses Handeln der Römer die keltischen Krieger jedoch leichtsinnig werden. Ein gar tödlicher und folgenschwerer Leichtsinn, wie sich herausstellen sollte.

Denn genau darauf hatte die List des Labienus abgezielt. In einer kalten Nacht ließ er – von den Angreifern unbeobachtet – seine Reiterei sich auf den kommenden Kampf vorbereiten. Sorgsam achtete er darauf, dass Indutiomarus´ Truppen hiervon nichts bemerkten. Absolute Stille war befohlen und als der Morgen zu grauen begann, stand die römische Reiterei bereit.

An diesem Vormittag rückte Indutiomarus mit seinen Truppen schon fast gewohnheitsmäßig vor dem römischen Lager auf. Wie in den Tagen zuvor verbrachte der keltische Anführer auch diesmal einen Großteil des Tages vor dem Römerlager, ohne dass die Verteidiger Lust zum Kampf zeigten. Die keltischen Angreifer schleuderten wieder Speere, Pfeile und Schleudergeschosse über die mit Verteidigungsgräben und spitzen Holzpfosten verstärkten Wälle hinweg in das Römerlager. Wieder und wieder forderten sie die Römer unter vielen Beschimpfungen und Beleidigungen zum Kampf heraus. So verging wieder ein ereignisloser Tag, als die Kelten gegen Abend ihren ungeordneten Abzug begannen. Einzeln oder in kleinen Gruppen zogen sie nach und nach Richtung ihres entfernten Nachtlagers. Dem römischen Lager schenkten sie keine große Aufmerksamkeit mehr. Alles wie an den Tagen zuvor.

Jetzt!

Dies war die Gelegenheit, auf die Titus Labienus gewartet hatte. Seiner bereitstehenden Reiterei befahl er einen gleichzeitigen Ausfall aus beiden Lagertoren. Rasch öffneten sich die Verschanzungen. Die Hindernisse wurden aus dem Weg geräumt. Einziger Auftrag der römischen Reiterei, der Kavallerie, war die Ergreifung des Indutiomarus. Kein Reiter sollte sich auf einen Kampf einlassen, bevor Indutiomarus nicht getötet war! Labienus wollte nicht, dass der keltische Anführer durch sonstige unbedeutende Maßnahmen in der Lage wäre zu entkommen. Außerdem setzte er eine hohe Belohnung auf Indutiomarus‘ Kopf aus, sodass wirklich alle Aufmerksamkeit dem Keltenfürsten galt. Die römischen Fußsoldaten hatten den Befehl, die Reiterattacke gegen feindliche Krieger zu sichern. Innerhalb kürzester Zeit preschten die Angreifer nun aus dem Lager hinaus auf die freie Fläche. Die wenigen, noch anwesenden Keltenkrieger, die sich sofort Labienus Reiterei entgegenstellten, wurden niedergemetzelt, noch bevor sie die bereits abgerückten Kameraden warnen konnten. Und tatsächlich begünstigten die Götter Labienus' Vorhaben. Da sich die gesamte römische Reiterei einzig auf Indutiomarus konzentrierte, wurde dieser kurz vor der Überquerung eines Flusses eingeholt. Das keltische Lager befand sich jenseits dieses Flusses.

Als sie das Schnauben der heran galoppierenden römischen Kavallerie vernahmen, wandten sich die abziehenden Kelten, um den Grund hierfür zu erfahren. Noch bevor sie die Lage überblicken konnten, fuhren jedoch schon die vordersten der römischen Reiter zwischen Indutiomarus' Leibwache. Hart stießen die Leiber der Pferde aufeinander. Inmitten dem Zucken der schweißnassen und erregten Tiere entwickelte sich sofort ein Kampf um Leben und Tod. Schwerter prallten auf Schilde. Speere brachten Pferde zu Fall, Schwerthiebe töteten Menschen. Das Klirren von Metall, das Wiehern der Reittiere und das Geschrei der Kämpfer hallten im Bachgrund wider. Indutiomarus und Teile seiner Embactes wehrten sich verzweifelt ihres Lebens. Sie hieben wie wild um sich. Unter den Schlägen von Blut getränkten Schwertern sanken zahlreiche Römer tödlich getroffen zu Boden. Die mutige Leibwache des Keltenfürsten schien für einige Zeit die Oberhand im Kampf zu haben. Doch mehr und mehr Feinde gelangten nun an den Kampfplatz und deren Übermacht veränderte schließlich das Kampfgeschehen zugunsten der Römer. Keltische Verstärkung war noch nicht in Sicht. Ob man im Keltenlager überhaupt die Gefahr schon begriffen hatte?! Ein Großteil von Indutiomarus' Leibwache war bereits getötet, nur wenigen wurde die Gnade der Gefangenschaft gewährt. Und auch die noch auf dem Rückweg befindlichen treverischen Krieger hatten die brenzlige Lage nicht erkannt. Sie begriffen nicht, was sich da hinten eigentlich abspielte. Denn dort trieb die Tragödie ihrem Höhepunkt entgegen.

Indutiomarus saß auf seinem Schlachtross. Beide bildeten förmlich einen Felsen inmitten einer anbrandenden Woge von Angreifern. Noch wütete sein Schwert unter den Angreifern, noch schimmerte sein Helm silbern glänzend in der untergehenden Sonne. Da trafen ihn trotz aller Tapferkeit mehrere Lanzenstiche geleichzeitig. Tödlich verwundet sank der stolze Keltenfürst aus dem Sattel seines schweißtriefenden Pferdes. Man zerrte ihn gewaltsam zu Boden. Indutiomarus spürte den Hieb, der seinen Kopf vom Körper trennte, nicht mehr. Einer der römischen Legionäre hielt Indutiomarus' Kopf siegessicher in die Höhe.

„Roma victor! Rom ist siegreich!", hallte der römische Siegesruf durch den sich verdunkelnden Bachgrund. Mit der untergehenden Sonne war auch die Seele des Indutiomarus in die Anderswelt eingekehrt. In dem Siegesrausch der Legionäre wurden noch zahlreiche weitere, keltische Krieger besiegt. Die Leibwache folgte ihrem Keltenfürsten getreu ihres Schwures. Sie kämpfte bis zum Tod.

Nach dem Gemetzel war das Schlachtfeld mit toten Kriegern und Pferden beider Seiten regelrecht übersäht. Indutiomarus' Kopf wurde im Triumph zum Lager und dort zu Titus Labienus gebracht.

Während im römischen Lager ein Siegesgeheul aufbrandete, erreichte die schockierende Nachricht vom Tod des Indutiomarus endlich seine Hauptstreitmacht. Bestürzung bemächtigte sich der sonst so tapferen Keltenkrieger. Wie unter Schock stehend, löste sich die führerlose Keltentruppe in ihre einzelnen Stammesgruppen auf. Während die verbündeten Eburonen und Nervier rasch in ihre Stammesgebiete abzogen, kehrten die Treverer mit der bitteren Nachricht vom Tod ihres verehrten Anführers in die Heimat zurück. Dort übertrugen sie die Herrschaft auf Indutiomarus' Verwandte, denn man sann sogleich auf Rache.

Indutiomarus´ Familie versuchte in der Folgezeit des Winters 54/53 vor Christus, die benachbarten Germanen für ihre Sache, einen erneuten Kampf gegen die Römer, zu gewinnen. Ja, sie versprachen ihnen sogar Geld für ihre Waffenbrüderschaft. Da sie aber bei ihren direkten keltischen Nachbarn wenig erreichen konnten, versuchten sie, auch entfernt wohnende Stämme anzuwerben. Einige konnten sie tatsächlich für ihre Sache gewinnen. Und alle versicherten sich durch einen Eid der gegenseitigen Unterstützung. Als Beweis ihrer Treue stellten sie untereinander sogar Geiseln.

Als Caesar erfuhr, dass überall im Lande zum Krieg gerüstet wurde, versetzte er seine Truppen in höchste Alarmbereitschaft. Man brachte ihm Nachricht, dass die Nervier, Atuatuker, Menapier und fast alle linksrheinischen Germanen unter Waffen standen. Und als die Senonen auf seinen

Befehl hin nicht erschienen und stattdessen mit den Carnuten und deren Nachbarstämmen gemeinsame Sache machten, war ihm klar, dass ein erneuter Kampf bevorstand. Noch vor dem Winter Ende des Jahres 53 vor Christus zog er daher vier Legionen zusammen und marschierte mit ihnen zunächst in das Gebiet der Nervier. Dort wütete er schrecklich unter der Bevölkerung. Er tötete viele Menschen und überließ diejenigen, die nicht flüchten konnten, seinen Söldnern als Beute. Das Land wurde von seinen Truppen total verwüstet. Andere feindliche Stämme zwang er zur Unterwerfung und nahm zahlreiche Geiseln als Pfand. Diese Unternehmung wurde mit hoher Schnelligkeit durchgeführt, sodass er schon nach wenigen Wochen wieder mit seinen Truppen ins Winterquartier einzog. Kurz darauf befahl er, wie jeden Frühling, einen keltischen Landtag, in der Hauptstadt der keltischen Pariser[9]. Als mit Ausnahme der Senonen, Carnuten und Treverer alle Keltenstämme kamen, erklärte er den fehlenden Stämmen den Krieg. Zunächst kam das Unheil über die Senonen, deren Land der römische Feldherr ebenfalls zerstörte.

Wer von den Senonen überhaupt das Glück hatte, zu überleben und nicht getötet zu werden, dem stand weiteres Grauen bevor. Denn hinter dem Begriff der Zerstörung verband sich auch das Niederreißen aller Gebäude und das Abbrennen der Lebensmittelvorräte, sofern die Römer sie nicht mitnahmen. Gleiches galt für die Tierherden, die als willkommene Fleischzulage in römischen Kochtöpfen oder auch, sinnlos abgeschlachtet, als Kadaver endeten. Für die Überlebenden hieß das, dass man ohne Schutz gegen die Witterung und ohne Nahrungsmittel mindestens den bevorstehenden Winter und das Frühjahr überleben musste, bevor die Felder wieder neue Früchte hervorbrachten.

Nach den Senonen konzentrierte Caesar sich mit seiner ganzen Streitmacht gegen die Treverer und den Fürsten der Eburonen, namens Ambiorix. Dieser hatte sich mit den Treverern verbündet. Er war bei Caesar besonders verhasst, da er den Römern bereits mehrfach Niederlagen zugefügt hatte. Um den keltischen Absichten eines Angriffs zuvorzukommen, zerstörte Caesar zunächst aber noch das Gebiet der Menapier, um Ambiorix den Rückzug zu vereiteln.

In dieser Zeit hoben die Treverer weitere große Truppenmassen an Reitern und Fußsoldaten aus. Sie begannen, wiederum gegen das Legionslager des Titus Labienus und das einer weiteren, im Gebiet der Treverer stehenden Legion vorzugehen.

Als die verbündeten Kelten nur noch zwei Tagesmärsche von Labienus entfernt waren, vernahmen sie, dass Caesar zwei Legionen zur Unterstützung des Labienus schicken würde. Also schlugen sie in einer Entfernung von 15 Meilen von Labienus ein Lager auf, um ihrerseits auf Verstärkung durch verbündete Germanen zu warten. Labienus hörte von diesem Plan und rückte mit 25 Kohorten, also circa 15.000 Soldaten, und starker Reiterei gegen die Treverer. In nur einer Meile Entfernung von den Kelten schlug er ein Feldlager auf. Vom Lager der Kelten waren die römischen Truppen durch einen schwer zu überquerenden Fluss mit steilen Ufern getrennt.

Da die Gefahr des Eintreffens der mit den Treverern verbündeten Germanen ständig größer wurde, ersann Labienus wiederum eine List. Er ließ einen Rückzug seiner Truppen vortäuschen, wodurch die Kelten unvorsichtig wurden. Zu groß war bei vielen Kriegern die Gier auf Beute. Dies und die Annahme, ein fliehendes römisches Heer vor sich zu haben, ließen sie die Notwendigkeit, auf die verbündeten Germanen zu warten, rasch vergessen. Schnell überquerten sie den unwegsamen Fluss und begannen auf ungünstigem Gelände einen Kampf gegen die Römer.

Labienus hatte dies vorausgeahnt. Noch ließ er die Kelten in falschem Glauben, bis er seinen Truppen auf einem Hügel anzuhalten befahl. Dort hielt er eine begeisternde Rede an seine Soldaten und versprach ihnen reiche Beute in der bevorstehenden Schlacht. Dann befahl er ihnen gegen den Feind Front zu machen, formierte seine Schlachtreihen und postierte seine Reiterei dabei an den Flügeln seiner Streitmacht.

Als die anstürmenden Kelten plötzlich und vollkommen unvorbereitet auf eine formierte römische Streitmacht trafen, die sie ja eigentlich auf der Flucht wähnten, konnten sie dem einsetzenden römischen Gegenangriff nicht standhalten. Schon beim ersten Zusammenprall der Heere wurden sie in die Flucht geschlagen. Verzweifelt versuchten sie, die schützenden Wälder zu erreichen. Aufgrund der rasch nachsetzenden Römer waren ihre Verluste allerdings sehr hoch. Wieder bedeckten die Toten und Verwundeten, Tier und Mensch einen blutgetränkten Waldboden. Die Treverer wurden derart geschwächt, dass sie gezwungen waren, sich und ihren Stamm den Römern zu unterwerfen. Nun konnten sie auch auf die verbündeten Germanen nicht mehr zählen. Diese hatten sich nämlich, als sie von der keltischen Niederlage gehört hatten, wieder über den Rhenus in ihre Stammesgebiete zurückgezogen. Mit ihnen verließen auch die Verwandten des Indutiomarus, die Anstifter dieses Feldzuges, auf gleichem Weg und fluchtartig ihren Stamm. Nur so konnten sie den Häschern des Caesar und einem damit verbundenen, grausamen Tod entkommen.

Cingetorix, dem Römerfreund, wurde nun von den Römern die höchste Gewalt im Treverer Land übertragen. Endlich stand er an der Spitze des kompletten Trevererstammes. Doch zu welchem Preis! Große Teile des Landes waren verwüstet und in jedem Dorf herrschte Trauer über die vielen Toten. Fast jede Familie hatte Angehörige verloren. So manche Sippe war gar komplett getötet oder in die Sklaverei entführt worden.

Dennoch entsandten die Römer einen starken Wachtposten in das Stammesgebiet der Treverer, um eventuellen, neuen Aufständen vorzubeugen. Aber dazu kam es nicht mehr. Die Treverer waren zu geschwächt, aufgrund der vielen Niederlagen auch kampfesmüde. Die Überlebenden mussten nun zusehen, wie sie sich und ihre Angehörigen über den nächsten Winter retten konnten. Im Zuge dieser Geschehnisse wurde vermutlich auch die Festungsanlage der Treverer bei Otzenhausen, heute „Hunnenring“ genannt, verlassen. Ohne dass an Ort und Stelle Kampfhandlungen begangen worden wären, wurde die mächtige Festung aufund dem Verfall preisgegeben.

Die Macht der Kelten war bald darauf gänzlich gebrochen. Denn selbst ein letztes Aufbäumen vereinter Keltenstämme im Jahr 52 vor Christus unter dem berühmten Keltenfürsten Vercingetorix konnte das Blatt nicht mehr wenden. Die gesamten keltischen Gebiete mit Ausnahme eines Teils Britanniens waren nun für Jahrhunderte unter römische Besatzung geraten. Während der ersten hundert Jahre dieser neuen Zeit gab es immer noch viele Aufstände, um die Freiheit wieder zu erlangen. Aber keiner davon war erfolgreich. Die keltischen Gebiete blieben für ein halbes Jahrtausend unter römischer Herrschaft. Während dieser Zeit nahmen die Kelten römische Tradition und Lebensweise an. Ihre Kultur verschmolz unter diesen Einflüssen zur gallo-römischen Kultur.

Ein Stück Weltgeschichte am „Hunnenring“ von Otzenhausen?

Während der letzten Schlacht der Treverer im Jahre 53 vor Christus entstand in 3 km Entfernung zum „Hunnenring“ ein großes römisches Feldlager, welches wohl die geschilderten Geschehnisse miterlebt hat. Möglicherweise handelt es sich um das bei Caesar erwähnte Feldlager des Labienus. Jedenfalls hatte das 18 Hektar große Lager eine ausreichende Dimension, um die in Caesars Jahresbericht erwähnte Truppenstärke seines Feldherrn von 25 Kohorten nebst Reiterei aufnehmen zu können. Das nur eine Marschstunde entfernte Trevererlager, wir nehmen einmal an, es wäre der „Hunnenring“, bot hingegen den keltischen Truppen eine vorzügliche Zuflucht. Auch den die Römer und Kelten trennenden Fluss mit seinen steilen Ufern kennen wir. Die zwischen den heutigen Orten Hermeskeil und Züsch beziehungsweise Neuhütten gelegenen, tief eingeschnittenen Täler der Prims, vielleicht auch des Königsbaches bieten sich geradezu als Schauplatz des letzten Kampfes der Treverer an. Purer Zufall oder Realität?

Durch die List des Labienus wurden die keltischen Truppen in die Flucht getrieben. Wir wissen auch, dass der „Hunnenring“ in keine direkten Kampfhandlungen einbezogen war, denn Kampf- und Zerstörungsspuren fehlen im archäologischen Befund. Auch dies lässt sich mit Caesars Ausführungen vergleichen. Nach seinem Bericht hätte die auf dem „Hunnenring“ herrschende Familie des toten Indutiomarus nach der Niederlage ihrer Truppen, die ja bereits an einem Fluss, also entfernt der Festung, stattfand, ihr Heil in der Flucht suchen müssen. Und diese hätte sie natürlich zu ihren germanischen Verwandten jenseits des Rhenus geführt, wo sie die nötige Sicherheit gefunden hätten. All diese Handlungen kann man ansatzweise aus den archäologischen Befunden herauslesen. Auch die plötzliche Aufgabe des mächtigen „Hunnenrings“ passt in dieses Bild, jedoch gibt es auch Erklärungsalternativen oder es fehlen eindeutige Beweise für die von uns angeführte These.

Blick entlang der für die keltische Welt einzigartigen Mauerreste des Ringwalls Otzenhausen. Copyright: Gemeinde Nonnweiler.

Auch bleibt unklar, ob Indutiomarus der Herrscher des „Hunnenrings“ war. Im Gegensatz zu den anderen, großen Trevererburgen, die aufgrund ihrer guten Kontakte zu den römischen Besatzern nach dem gallischen Krieg eine Blütezeit erfuhren, wurde der „Hunnenring“ für immer verlassen. Siedlung und Befestigung waren dem Verfall preisgegeben. Ein durchaus einsichtiges Schicksal, vor allem aus römischer Sicht, wenn der Anführer der Aufsässigen, sprich Indutiomarus hier sein Machtzentrum gehabt hatte. Ein wichtiges Indiz also, dessen Wahrheitsgehalt es aber noch zu beweisen gilt.

Was bleibt, sind noch viele unbeantwortbare Fragen, die einen Besuch in der Region umso spannender und lohnenswerter machen. Machen Sie sich Ihr eigenes Bild von der Keltenregion um den „Hunnenring“. Tauchen Sie ein in eine von keltischen Relikten geprägte Region am Südrand des Hunsrücks. Zahlreiche Denkmäler wie die Reste der Festung „Hunnenring“ mit ihren gigantischen Befestigungsanlagen, mystisch gelegene Grabhügel, verschlungene, längst vergessene Wege und die überall ruhenden Spuren des Erzabbaus schlummern in den Tälern, auf den Hügeln und in den Wäldern des „Hochwaldes“.

Die wahren Örtlichkeiten von „Der Herr vom Ringwall“

Hier findet der Interessierte weitergehende Erklärungen zu den in der Geschichte erwähnten Namen und Begriffen. Auch die in der Erzählung erwähnten Örtlichkeiten werden mit ihren historischen Fundorten in Zusammenhang gebracht. Die nachfolgenden Fundstellen sind also reale, schützenswerte Örtlichkeiten beziehungsweise Denkmäler, die unter Denkmalschutz stehen. Nicht nur die hier beschriebenen, sondern alle Denkmäler zusammen bilden unser gemeinsames, geschichtliches Erbe! Bewahren und schützen wir sie für uns und unsere Nachkommen! Jegliche Bodeneingriffe bedürfen daher einer besonderen Erlaubnis. Funde, Beschädigungen und sonstige Beobachtungen sind an das saarländische Landesdenkmalamt, Am Bergwerk 10, 66587 Schiffweiler, Tel. 0681-501-0 zu melden.

Kapitel: Die Reisenden

Die beiden Reisenden, Pettia und ihr Tatis beziehungsweise Vater Redios, gehören zum Stamm der im Gebiet Lothringens siedelnden Mediomatriker mit Hauptstadt Divodurum, dem heutigen Metz. Sie reisen nach Norden in das Stammesgebiet der benachbarten Treverer, welche das Gebiet von Hunsrück und Eifel bewohnten.

Vic ist die heutige Stadt Vic-sur-Seille, im französischen Departement Meurthe-et-Moselle gelegen. Der Ort war schon in der Keltenzeit wegen seiner Salzvorkommen bekannt. Sein keltischer Name ist nicht überliefert. In römischer Zeit führte die kleinstädtische Ansiedlung (lateinisch „vicus“) den Namen Bodatius.

Die Carnuten waren ein in Zentralfrankreich lebender Keltenstamm.

Südgallien umfasste das heutige Südfrankreich und war zur Zeit unserer Geschichte, also um 50 vor Christus, als römische Provinz Gallia transalpina, später Gallia narbonensis, bekannt. Zuvor gehörten die Gebiete zum keltischen Siedlungsgebiet. Zu Zeiten des gallischen Krieges war Südgallien schon seit fast 70 Jahren unter römischer Herrschaft.

Die Helvetier lebten in der heutigen Schweiz.

Der römische Titel des Konsuls war das höchste politische Amt (lateinisch „honorum populi finis“) in der römischen Republik. Rom war zu der Zeit unserer Geschichte noch kein Kaiserreich. Dies sollte es erst unter Augustus werden, der von 27 vor bis 14 nach Christus erster römischer Kaiser war. Zwei Konsuln teilten sich zu Republikszeiten die Macht im römischen Staat. Sie hatten den Vorsitz über den römischen Senat, empfingen ausländische Gesandte, leiteten die Volksversammlung, wachten über Gesetze und hatten den Oberbefehl über die Streitkräfte.

Die Kelten besiedelten im 1. Jahrhundert vor Christus ein Gebiet, das von Spanien und Portugal über Mitteleuropa und Ungarn bis auf den Balkan reichte, wobei einige Teilgebiete wie Südfrankreich bereits römisch besetzt waren. Als Gallier wurde lediglich der Teil der Kelten bezeichnet, der im Gebiet des heutigen Frankreich siedelte. Daneben gab es die über Ostfrankreich, die heutigen Beneluxländer und Südwestdeutschland verbreiteten Belger. Zu denen gehörten auch die am Ringwall Otzenhausen lebenden Kelten. Eine dritte Gruppe bildeten die Aquitaner, die im Südwesten Frankreichs siedelten. Sie alle unterschieden sich durch Sprache, Gebräuche und Stammesorganisation. Zu jeder dieser Gruppen gehörte eine Vielzahl einzelner Stämme. Die Kelten selbst bildeten niemals einen gemeinsamen Staat. Zeitweise lebten sie friedlich mit ihren Nachbarn zusammen, manchmal gab es aber auch Zwistigkeiten und Kriege untereinander.

Der Name Meile leitet sich vom lateinischen „mille“ (tausend) ab und bezeichnete ursprünglich eine Strecke von 1.000 Klafter (lateinisch „passus“), welche die römischen Soldaten mit 1.000 Doppelschritten maßen. Dies entspricht etwa 1.470 bis 1.490 Meter. Ein Schritt hatte die Länge von fünf Schuhen („Passus quinque pedes“). 2.450 Meter maß dagegen eine gallische Meile, die sogenannte Leuge (lateinisch „Leuca“). Sie galt ab dem 2. Jahrhundert nach Christus in den gallischen und germanischen Provinzen des römischen Reiches als Maßeinheit.

Örtlichkeiten

Gräberfeld Bosen, „Priesberg“

Die Anreise von Pettia und Redios erfolgt aus südlicher Richtung aus dem Raum der heutigen Ortschaft Bosen. Hierbei haben sie den Peterberg zu überqueren, über den wohl schon damals eine alte Wegetrasse zur Mosel führte. Diese war im Mittelalter noch als „Rainstrasse“ bekannt. Am nördlichen Rand des Peterberges liegt inmitten des Waldes in der Bosener Flur „Priesberg“ eines der größten Hügelgräberfelder der Region. Mindestens 64 Grabhügel zählt der Friedhof, der sich auf einer Länge von 500 Meter erstreckt. Die mächtigsten Hügel wiesen einen Durchmesser von bis zu 30 Metern auf. Ausgrabungen um 1900 erbrachten aus 23 untersuchten Hügeln zahlreiche Beigaben, wie Keramikgefäße, Schmuck und Waffen des 5./4. vorchristlichen Jahrhunderts. Da die Gegend zur Zeit der Ausgrabungen noch zum Großherzogtum Oldenburg gehörte, sind die Funde bis heute im ehemaligen oldenburgischen Verwaltungssitz Birkenfeld, im dortigen Landesmuseum, aufbewahrt.

Weitere Infos unter: www.landesmuseum-birkenfeld.de

Adelsnekropole von Schwarzenbach

Während der Anreise und Suche nach einer Herberge passieren die Reisenden die beiden mächtigen Fürstengrabhügel von Schwarzenbach. Die 1849 entdeckten, keltischen Gräber zählen zu den archäologischen Highlights der gesamten keltischen Welt. Sie datieren an die Wende 5./4. Jahrhundert vor Christus. Weltberühmt durch ihre außergewöhnlichen Grabbeigaben wurde das bedeutendste Fundstück, eine Goldschale, sogar als Motiv für eine Briefmarke gewählt. Heute wissen wir aber, dass die Goldschale eine wissenschaftlichen Fehlinterpretation ist. In Wahrheit handelt es sich bei den Goldblechen um Teile mehrerer Trinkhörner. Die damals gewaltigen, heute verschliffenen Erdhügel bargen die Beigaben zweier adeliger Männer, deren Bestattungszeit mit den Anfängen ihrer Festung, des Ringwalles von Otzenhausen, gleichzusetzen ist. Ob sie die Bauherren der Festung waren? Zur Demonstration ihrer weltlichen Macht wurden bei der Grablegung neben den Waffen auch zahlreiche Metallgefäße als Trinkausstattung beigegeben. Dies waren meist Importe aus dem Mittelmeergebiet, was auf die weit reichenden Handelsbeziehungen der Kelten schließen lässt. Der Zufallsfund einer Weinamphora des 1. Jahrhunderts vor Christus lässt darauf schließen, dass das Gräberfeld auch Jahrhunderte später noch als Grabstätte genutzt wurde.

Lage: am westlichen Ortsrand, Straße zur Schellkaul – Gemeinde Nonnweiler, Ortsteil Schwarzenbach – Infostation und Landschaftsrahmen mit Blick zum „Hunnenring". Ausschilderung Sportplatz folgen.

Das Kommunizieren mit den Toten mittels Trank- oder Speisebeigaben über die oberirdisch zugängige Mündung in der Grabkammer deponierter Tonamphoren ist aus Gräbern in Bierfeld und Hermeskeil nachgewiesen.

Hügelgräberfeld Schwarzenbach, „In der Kripp"

Ihr weiterer Weg führt Pettia und ihren Vater über den flachen Hügelzug, der heute von dem Dorf Schwarzenbach eingenommen wird. An dessen östlichen Ende passieren sie ein weiteres Hügelgräberfeld in der Flur „In der Kripp". Die Entdeckung dieses Friedhofs geht auf Ackerbautätigkeiten der 1930er Jahre zurück. Systematische Ausgrabungen in den Jahren 2002 bis 2004 erbrachten die Reste mehrerer, meist stark zerstörter Hügelgräber des 5. Jahrhunderts vor Christus. Eine dauerhafte Beackerung der Fläche ebnete die Grabhügel ein und störte dann auch die Bestattungen. Dennoch konnten Spuren des Grabbaues und der Totenausstattung dokumentiert werden. Ein von parallelen Gräben flankiertes Hügelgrab beinhaltete ein bereits in der Antike beraubtes, circa 2 x 3 Meter großes Männergrab. Die noch komplett erhaltene, reich ausgestattete Nachbestattung eines Kindes mit Schmuck und Gefäßbeigaben sowie einem eisernen Messer lässt auf Angehörige der Oberschicht schließen.

Lage: am östlichen Ortsrand von Schwarzenbach. Links der Landstraße nach Sötern.

Kapitel: Besuch im Tempel

Druiden waren Priester und zugleich Gelehrte. Neben den Adeligen bildeten sie die mächtigste Klasse der keltischen Gesellschaft. Ihnen unterstand die Kultausübung. Außerdem fungierten sie als Richter über staatliche und private Streitfälle. Ihr Bannspruch und der Ausschluss Verurteilter von der Teilnahme an Opferbräuchen galt als härteste Strafe, kam er doch einer Ächtung gleich. Fortan wurden die Geächteten von allen Mitmenschen gemieden und waren ausgegrenzt von jedem gemeinschaftlichen Leben. Die Druiden waren zudem die Bewahrer allen Wissens. Eine Druidenlehre dauerte 20 Jahre. Alles erlernte Wissen wurde mündlich unter ihnen weitergegeben. Dies ist auch ein Hauptgrund, warum – im Gegensatz zu schriftführenden Völkern – uns heute nur so wenig Wissen zu den Kelten erhalten blieb. Das allermeiste Wissen zur keltischen Kultur erforschen die Archäologen mit ihren Ausgrabungen. Einen besonderen, gesellschaftlichen Rang hatten auch die Seher und Barden inne.

Die besondere Bedeutung der Mistel kennen wir spätestens seit deren Erwähnung in den Comics von Asterix. Die tatsächliche, historische Textstelle, auf die immer wieder verwiesen wird, steht im 16. Buch der Naturgeschichte von Plinius dem Älteren, der 23/24 bis 79 nach Christus lebte. Dort wird beschrieben, dass in Gallien weißgekleidete Druiden die Misteln von Eichen abschneiden. Er erwähnt auch die Verwendung der Misteln als Heilmittel.

Örtlichkeit

Tempelbezirk Schwarzenbach, „Spätzrech“

Pettia und Redios statten dem beim heutigen Dorf Schwarzenbach, Flur „Spätzrech“, gelegenen Tempelbezirk einen Besuch ab. Hier bitten sie die Götter um Beistand für glücklichen Handel. 1984 wurde am „Spätzrech“ ein gallorömischer Umgangstempel ausgegraben, der wiederum auf einem spätkeltischen Vorgängerbau beruht. In römischer Zeit wurde dem Kriegsgott Mars Cnabetius geopfert. Neuere Forschungen erbrachten die Erkenntnis, dass der Tempel Bestandteil einer dorfähnlichen Siedlung, eines „vicus“, ist. Um den Tempel fanden sich Straßenzüge und weitere Gebäude. Dies waren teils Versorgungsbauten und Handwerksstätten für den Tempelbezirk. Es gab aber auch Wohnhäuser und Werkstätten für Tonwaren und Metall. Die den nahen „Münzbach“ speisenden Quellläufe wirken aufgrund ihrer natürlichen Ausstrahlung noch heute magisch auf Besucher.

Lage: am östlichen Ortsrand. Links der Landstraße L 330 – Ortsteil Otzenhausen Richtung Sötern, vor der Brücke links Ortsteil Schwarzenbach – Ausschilderung zur Infostation folgen.

Kapitel: Leckereien

In diesem Kapitel stand in der Erstausgabe unseres Buches das Rezept für die von Vectimarus Mutter gebackenen Keltenkringel. Das beschriebene Ringgebäck beruhte auf einem Fund des Gräberfelds von Wederath im Hunsrück, genauer aus Grab Nr. 1700. In den 1980er Jahren zunächst als Gebäck mit Honigzusatz interpretiert, wurde das Rezept schnell zum Lieblingsbackwerk aller Keltenfans. Allerdings wurden die vermutlichen Backreste 2019 erneut und mit moderneren Methoden analysiert. Dabei stellte es sich heraus, dass der im Grab entdeckte Kringel in Wahrheit der Wachstumsring einer Pflanze ist (Baum, Ast?). Der gelangte wohl aus den Resten des Scheiterhaufens mit aufgesammelte Ring so – zufällig – in das Grab hinein. Backwerk ade! An diesem Beispiel erkennt man, dass die Arbeit der Wissenschaftler einem fließenden Prozess unterliegt. Schon Morgen können Untersuchungsergebnisse aufgrund neuer Methoden zu ganz neuen Erkenntnissen führen.

Hier aber doch noch ein keltisches Rezept, das eindeutig nachgewiesen ist. Das folgende „Bergmannsessen“ wurde bei Ausgrabungen in einem frühkeltischen Salzbergwerk bei Hallstatt in Österreich entdeckt. Es handelt sich dabei um eine Art Eintopfgericht. Ein ähnlicher Eintopf wird bis heute noch in den alpinen Ländern gegessen! Sein heutiger Name lautet „Ritschert“. Wie der keltische Name des Gerichts hieß, wissen wir heute leider nicht mehr. Das Rezept des modernen „Ritschert“ lautet so:

Zutaten (für 8 Portionen): 100 g Gerste, 100 g Hirse, 500 g dicke Bohnen, 200 g gewürfelter Speck, 500 g gesalzener und gewürfelter Schweinehals, 10 g Thymian, 1 l Fleischbrühe, 1 l Wasser, 50 ml Apfelessig.

Zubereitung: Die Bohnen über Nacht einweichen und dann ohne Salz kochen; so werden sie besser weich. Nach ca. 30 Minuten die anderen Zutaten und Wasser zugeben. Alles zusammen bei geschlossenem Deckel weitere 30 Minuten weichkochen; eventuell noch mit Wasser verdünnen.

Das Rezept des „Ritscherts“ stammt aus der Publikation von Achim Werner, Keltische Kochbarkeiten, 2007. Dort finden Sie noch mehr keltische Gerichte mit originalen Zutaten.

Kapitel: Bei den Erzgräbern

Nach den Belgern ist übrigens das heutige Land Belgien benannt. Die keltischen Belger besiedelten aber ein weitaus größeres Gebiet als das des heutigen Staates Belgien. Die von Siretos und seinen Leuten ergrabenen Eisenerze werden heute, nach ihrem primären Fundort, als „Lebacher Eier", einer Stadt im Saarland, bezeichnet. Es handelt sich hierbei um Tonsteinknollen mit eisenerzhaltigem Kern. Dieser hat sich im Laufe von Hunderten Millionen Jahren um fossile Reste wie kleinen Fischen oder Fäkalien herum gebildet. Im gesamten Raum von Otzenhausen wurden diese Knollen vermutlich seit den Kelten und bis in die Neuzeit im Tagebau abgebaut und verhüttet. Weitere Erze der Gegend finden sich in Brauneisenstein und Hämatit (Rötel). Letzterer, der Rötel, wurde schon von den Neandertalern für ihre Höhlenmalereien verwendet, ebenso von dem berühmten Leonardo da Vici.

Mit dem großen dunklen Waldgebiet ist das Gebiet des Schwarzwalds gemeint. Dort wurden von Archäometallurgen und Archäologen keltische Rennöfen ausgegraben, die unter Ausnutzung von Hangwinden betrieben wurden. Die Öfen liegen in einem Eisenerzgebiet nahe der heutigen Stadt Neuenbürg.

Örtlichkeit

Erztagebaustelle Otzenhausen, „Kloppbruchweiher"

Pettia besucht mit ihrem Freund Vectimarus dessen Onkel Siretos. Der arbeitet als Vorarbeiter in einer Tagebaustätte für Eisenerze zu Füßen des Burgberges. Der heutige Kloppbruchweiher entstand aus einer ursprünglichen Tagebaugrube von „Lebacher Eiern". Diese Grube ist heute geflutet. Das Erz diente vermutlich schon den Kelten als Rohstoff für ihre Eisenproduktion und bildete eine wichtige Säule des keltischen Wohlstandes.

Lage: am unteren Ende des Parkplatzes Keltenpark, Otzenhausen.

Kapitel: Die Burg

Man bezeichnet die großen Flächen aus Gesteinsblöcken an den Hängen des Burgberges als „Blockmeere". Zwischen ihnen konnte sich nahezu keine Vegetation bilden. Die durch Frostabsprengung entstandenen Anhäufungen von Gesteinsblöcken des Taunusquarzits bedecken noch heute große Teile des Dollberges, auf dem der Ringwall liegt. Enormer Vorteil für den Burgbau: Man musste die benötigten Steine nicht zuvor im Steinbruch ausbrechen. Sie lagen faktisch vor der Baustelle parat.

Örtlichkeit

Der Ringwall von Otzenhausen, „Hunnenring"

Pettia und Vectimarus besuchen die Festungsanlage, die eigentlich aber als von Wehrmauern geschützte Stadt bezeichnet werden muss, ähnlich wie wir das von mittelalterlichen Städten kennen. Die Anlage auf dem Dollberg bei Otzenhausen ist als Festungsbau einzigartig in keltischer Zeit. Keine andere Keltenburg reicht an die Dimensionen der Festungsmauern des „Hunnenrings" heran. Ehemals bis circa 18 Meter hoch und 25 Meter dick schützten sie die Besatzung vor jeglichem Angreifer. Im Zuge der Kriege gegen Caesar wurde sie jedoch kampflos aufgegeben. Die heute noch sichtbaren Wälle sind der Versturz der ehemaligen Festungsmauern. Selbst heute wirken die 10 Meter hohen und über 40 Meter breiten Steinwälle beeindruckend auf Besucher. In den insgesamt 2.500 Meter langen Wehrmauern wurden circa 230.000 Kubikmeter Steine aus der näheren Umgebung verbaut. Hiermit könnten heute etwa 12.000 Einfamilienhäuser gebaut oder circa 20.000 Eisenbahnwaggons befüllt werden. Man könnte auch eine vierspurige Straße von Otzenhausen bis München damit bepflastern. Eine wahrhaft gigantische Arbeit!

Gaius Julius Caesar hat die Konstruktionsweise der Mauer aus lagenweise miteinander vernagelten oder verzapften Längs- und Querbalken in seinen Büchern zum gallischen Krieg („De bello gallico") als „murus gallicus", also gallische Mauer, bezeichnet. In die dadurch entstandenen, kassenartigen Innenräume des Holzgerüsts wurden Steine und Erde eingefüllt. Dies gab der Mauer ihre hohe Stabilität.

Der Name „Hunnenring" entstammt späterer Zeit um 1800. Man glaubte damals fälschlicherweise, die Festung wäre von den Hunnen oder aber von Hünen, was so viel wie Riesen bedeutet, erbaut worden. Heute wissen wir sicher, dass die Erbauer der Festung die keltischen Treverer waren.

Lage: auf dem Dollberg – Gemeinde Nonnweiler, Ortsteil Otzenhausen – Ortsausgang Richtung Züsch. Parken auf dem Parkplatz Keltenpark beziehungsweise Nationalparktor, dort der Beschilderung des archäologischen Infoweges folgen. Weitere Infos im Nationalparktor Hunsrück-Hochwald. Hier liegt auch das Keltendorf Otzenhausen mit zehn Nachbauten keltischer Gebäude.

Kapitel: Die Heilerin

Spätkeltisches Gräberfeld Bierfeld, „Vor dem Erker“

Pettia und Vectimarus treffen auf dem Weg zur Burg eine Heilerin. Die aufgrund ihres Wissens und ihrer Heilkünste sehr geachtete, alte Frau entspricht in etwa dem Bild einer im Jahre 2014 untersuchten Frauenbestattung eines Gräberfeldes im Ortsteil Bierfeld. Als Beigabe fand sich unter anderem eine seltene verzierte Pyxis oder auch Eisenblechdose, die aus einer Vielzahl von Einzelteilen gefertigt war und zu den seltensten Beigaben jener Zeit gehört. Im Grabschacht der Frau war auch ein Schatzgefäß vergraben. Über 100 Gegenstände wie Schmuck und Gebrauchsgegenstände zeugen von der einst bedeutenden Rolle der mysteriösen Toten.

Kapitel: Flüchtlinge

Pettia und Vectimarus durchqueren auf ihrem Weg zur Burg ein Flüchtlingslager der Menapier. Die an der belgischen Küste beheimateten Menschen mussten in größter Gefahr vor den römischen Truppen fliehen, weil Caesar mit der Auslöschung ihres Stammes den Anführer der Belger namens Ambiorix schwächen wollte. Ambiorix war einer der beiden Doppelkönige der Eburonen. Zusammen mit Catuvolcus bot er Caesar in den Jahren 54/53 vor Christus energische Gegenwehr. Sein Guerillakampf gegen die Römer fügte diesen ungeahnt große Verluste zu. Daraufhin ließ Caesar 53 vor Christus auch das Eburonengebiet brandschatzen und verwüsten, sowie den Großteil der Bevölkerung ermorden. Catuvolcus beging daraufhin Selbstmord, während Ambiorix spurlos verschwand. Sein weiteres Schicksal liegt im Dunkel der Zeiten begraben.

Es handelt sich hierbei um ein Kapitel, dessen Thematik heute aktueller denn je ist. Gerade vor dem Hintergrund der vielen Konflikte und Kriege auf der Welt ist es wichtig, Mitgefühl zu zeigen, Menschlichkeit zu wahren und den Leidenden zu helfen. Denn schon Morgen könnte uns ein ähnliches Schicksal ereilen.

Kapitel: Opfergaben

Vectimarus und Pettia ruhen sich nach dem Schrecken ihrer „Gefangenschaft" innerhalb der Festung aus. Hierbei beobachten sie eine Familie bei einer Opferzeremonie. Auf dem Rücken des Dollberges, inmitten der Festung, lag ein Kultplatz, der schon zu spätkeltischer Zeit genutzt wurde. Dort fand man in einer Opfergrube auch ein bronzenes Rädchen Amulett, zusammen mit einem eisernen Hiebmesser und Keramik. Diese Grube wurde im Jahr 2009 von Archäologen ausgegraben. An gleicher Stelle errichtete man in gallorömischer Zeit dann einen kleinen steinernen Tempel. In ihm wurde wohl einer Jagdgottheit geopfert. Jedenfalls weisen viele Funde von Jagdwaffen, die Figur eines Wildschweins und eine kleine Bronzefigur der Göttin Diana, Göttin der Jagd, auf diesen Kult hin. Die Grundmauern dieses Tempels sind vor Ort zu besichtigen.

Lage: innerhalb des Ringwalls, archäologischer Infoweg, Station Tempel.

Kapitel: Beim Schmied

Eine zerbrochene und danach wieder reparierte, eiserne Sichelklinge fand sich im Jahre 2002 bei Ausgrabungen auf der Burg. Die aufwendige Reparatur zeugt vom damaligen hohen Wert einer – für die heutige Zeit – einfachen, billigen Erntesichel. Selbst im zerbrochenen Zustand war sie es wert, repariert zu werden, anstatt ein neues Exemplar zu kaufen. Arbeitsaufwand und Materialwert waren zu damaliger Zeit ungleich höher als heute.

Kapitel: Leid und Freude

Ein ähnlich ausgestattetes Grab wie das des verstorbenen Fürsten Teutactos wurde im Jahr 2014 nahe dem Ort Bierfeld von Archäologen ausgegraben. Das Männergrab 20 beinhaltete neben einer reichen Gefäß- auch eine komplette Waffenausstattung. Zwei Schilde, davon eines alt repariert, ein kostbares Schwert, eine Axt und eine Lanze, deren Spitze eine geflammte beziehungsweise geschwungene Form besitzt, gehören hierzu. Lanzen dieser Form werden auch als Feldzeichen für Truppenführer angesehen, die damit im Schlachtengetümmel ihre Befehle durch Signale übermitteln konnten. Die Beigabe der Ofendüse eines Schmiede- oder Rennofens bezeugt neben der militärischen auch die wirtschaftliche Macht des Toten.

Dass der Weinanbau bereits seit dem 6. Jahrtausend vor Christus im Gebiet von Georgien/Armenien betrieben wurde und sich von dort zum Mittelmeer ausbreitete, war den Kelten natürlich nicht bekannt. Sie kannten Wein nur als Handelsware und durch ihre Kontakte zum mediterranen Raum bauten selbst jedoch keinen Wein an. Von ihren südfranzösischen Provinzen aus betrieben die Griechen, später die Römer einen intensiven Weinhandel mit den Kelten. Der Weinanbau wurde nach der römischen Eroberung auch in unserer Region, speziell im warmen Tal der Mosel, heimisch.

Die angebotenen Münzen zu prüfen war in damaliger Zeit notwendig. Während neuerer Grabungen auf dem Ringwall wurden nämlich auch gefälschte, keltische Silbermünzen gefunden. Dabei wurden Kupfer- oder Bronzekerne mit einer sehr dünnen Silberschicht überzogen. Der Silbergehalt war gegenüber den originalen Silbermünzen also sehr gering, die Münzen dadurch weniger wert.

Die Pleumoxier waren ein Teilstamm der Nervier, die wiederum den Belgern zugerechnet werden. Sie siedelten im Norden und Westen Belgiens.

Eine römische Legion bestand zu jener Zeit aus circa 5.000 bis 6.000 Soldaten. Die Legion war eine selbstständig operierende, taktische Militäreinheit. Die Soldaten taten in der Regel 16 Jahre Dienst, wurden danach vom Staat versorgt. Oft erhielten diese Veteranen auch ein Stück Land als Besitz zugewiesen.

Kapitel: Die Grabstätte

Der aufwendige Grabbau von Adelsgräbern in spätkeltischer Zeit ist gut erforscht. Ein schönes Beispiel für spätkeltischen Grabbau liefern die Grabstätten einer Adelsdynastie der Mitte des 1. Jahrhunderts vor Christus aus Clemency, Luxemburg. Sie dienten als Vorbild für das in der Geschichte beschriebene Grab. Allgemein wurde bei höher gestellten Personen auch ein höherer Aufwand im Grabbau und in der Wertigkeit der Ausstattung betrieben. Die adeligen Grabstätten jener Zeit, speziell im Umfeld des Ringwalls, besitzen zwar auch reiche Beigaben, die Beisetzung fand aber in Holzkisten von nur circa 1 x 1 Meter statt. Die beigabenlosen, ärmlichen Bestattungen der Unterschicht sind dagegen kaum nachweisbar.

Archäologische Forschungen am Ringwall von Otzenhausen

Ein archäologisches Forschungsprojekt der Terrex gGmbH beschäftigt sich seit dem Jahr 1999 mit dem keltischen „Hunnenring" bei Otzenhausen. Vorausgegangen waren Grabungen des Rheinischen Landesmuseum Trier in den Jahren 1883 und 1936 bis 1940.

Die zunächst als Fliehburg errichtete Anlage wurde nach einer Siedlungsunterbrechung im 3. Jahrhundert vor Christus schließlich zum regionalen Siedlungszentrum. Dabei wurde dann auch die umlaufende Wehrmauer um das „oppidum" ausgebaut. Dieser lateinische Begriff bezeichnet eine befestigte, stadtähnliche Anlage der späten Keltenzeit.

Das Forschungsprojekt beschäftigt sich auch mit den den „Hunnenring" umgebenden Siedlungsstellen, Gräberfeldern, Straßen sowie den wirtschaftlichen Einrichtungen wie Steinbrüchen und Erzgruben. Hierbei werden auch römische Fundstellen wie das Römerlager bei der heutigen Stadt Hermeskeil miteinbezogen. So konnten mit den Jahren zahlreiche neue Erkenntnisse gewonnen werden, die auch in unsere Erzählung miteinflossen. Die Forschungsarbeiten der örtlichen Archäologen und die der zahlreichen Partner aus anderen Forschungsbereichen zielen gemeinsam auf die Rekonstruktion der Lebenswelt der ehemals keltischen und römischen Bewohner des Schwarzwälder Hochwaldes, einer Region am südlichen Hunsrückrand.

Für einen Besuch bietet sich als Ausgangspunkt das Eingangstor Nationalpark Hunsrück-Hochwald in Otzenhausen, Gemeinde Nonnweiler an. Dort gibt es umfassende Informationen auch zu allen archäologischen Stätten der Umgebung (Näheres siehe: www.nationalpark-tor-keltenpark.de). Im Haus wird eine Ausstellung zum Thema „Natürlich mit Geschichte" gezeigt. Sie dient einer Einstimmung auf Ihren Besuch. Eine Besichtigung des „Hunnenrings" lohnt sich nicht nur bei schönem Wetter.

Eigentlich ist sie ein Muss für jeden Besucher. Nach der 4 km langen Wanderung auf dem Burgberg und einer anschließenden Stärkung im Bistro des Eingangstores lässt sich nun das unmittelbar dahinterliegende Keltendorf besichtigen. Zehn nach wissenschaftlichen Ausgrabungsergebnissen erbaute Häuser bilden ein von Palisaden umwehrtes Dorf nach spätkeltischem Vorbild. Ein Versammlungsgebäude, Wohnhäuser, Speicherbauten, Handwerksbauten, eine Schmiede und ein Backhaus bilden das Dorf. Forschungsgrabungen lieferten die Belege zu den Hausbauten und deren Bautechniken. Gruben vom „Hunnenring", in denen die Pfosten der Häuser standen, belegen die Form und Größe der rekonstruierten Gebäude. Von quadratischem bis rechteckigem Grundriss haben sie eine Größe von bis zu 7 x 6 Metern. Hierzu wurden senkrechte Stützpfosten und/oder waagerecht auf dem Boden liegende Schwellbalken verwendet. Nur wenige Häuser besaßen einen aufwendigeren Grundriss oder eine Unterteilung des Gebäudeinnern.

Die meist nur mit einem Raum versehenen Häuser dienten sowohl als Schlaf- wie auch als Wohn- und Arbeitsstätte. Das Aussehen ähnelte dem heutiger Fachwerkhäuser. Zwischen den Eckpfosten und Schwellbalken wurden weitere, dünnere Balken eingezogen. Deren Zwischenräume wurden mit einem Astgeflecht versehen, auf das dann der lehmige Wandputz eingestrichen wurde. Das ergab eine gute Wärmeisolierung. Die Gebäude hatten keine Fenster. Lediglich durch kleine Lichtluken, die Tür und den Rauchabzug unter dem Dach drang ein wenig Tageslicht in das Innere. Licht spendete auch das ständig brennende Herdfeuer. Das Dach war mit Holzschindeln (kleine Brettchen, ähnlich heutigen Dachziegeln), mit Brettern oder Stroh beziehungsweise Ried (Schilf) bedeckt. Waren diese Gebäude ebenerdig angelegt oder gar in den Boden eingetieft (Grubenhäuser), so wurden andere Bauten mit erhöhtem Fußboden gebaut. Auf Stelzen stehend, handelt es sich hierbei um Speicherbauten. In diesen waren die darin gelagerten Wintervorräte gut gegen Feuchtigkeit und Ungeziefer geschützt. Eine gute Lösung, denn waren die Vorräte erst einmal verdorben, so musste man hungern.

Das Keltendorf im Keltenpark Otzenhausen wird oftmals von „echten Kelten" belebt und bietet einen guten Einblick in das Alltagsleben vor 2.000 Jahren.

Ansicht des Keltenparks Otzenhausen mit Eingangstor Nationalpark Hunsrück-Hochwald, Museum, Keltendorf und Arena. Im Hintergrund der Burgberg des „Hunnenrings". Copyright: Alexander M. Groß.

Wer noch mehr Archäologie möchte, dem seien in der näheren Umgebung folgende archäologische Stätten empfohlen: den römischen vicus von Schwarzenbach, die frühkeltischen Fürstengräber von Schwarzenbach, ein keltisches Wagengrab bei Sitzerath und zwei römische Monumentalgrabhügel bei Oberlöstern. Die rekonstruierten Mauern des gallorömischen vicus „Wareswald“ liegen circa 15 km entfernt zwischen Oberthal und Tholey. Dabei können sie auch den größten Grabhügel der Region, den „Fuchshübel“ bei Theley, besuchen.

Alle diese Sehenswürdigkeiten sind mit Infostationen für den Individualbesucher ausgestattet und ganzjährig geöffnet. Empfohlen sei auch das Landesmuseum Birkenfeld mit seiner Kelten- und Römerausstellung, sowie das Museum Theulegium nebst der Benediktinerabtei in Tholey. Alle diese Sehenswürdigkeiten befinden sich in unmittelbarer Nähe zum „Hunnenring“.

Etwas weiter, nur 40 km entfernt, finden Sie ein weiteres Muss in der Region: die römische Weltstadt Trier mit ihren zahlreichen Top Sehenswürdigkeiten zu den Kelten und vor allem natürlich den Römern, sowie insbesondere die vielfältigen Museen der Moselstadt.

Die Triskele

Die zu Beginn der Kapitel abgebildete Triskele diente übrigens als Verzierung eines bronzenen Zügelrings von einem Pferdegeschirr und wurde auf dem Ringwall bei Otzenhausen im Jahr 1938 gefunden. In Wirklichkeit hat der Zügelring einen Durchmesser von ca. 2,5 Zentimeter.

Die Triskele, auch der oder das Triskel (vom griechischen τρισκελης „dreibeinig"), ist ein Symbol in Form von drei radial symmetrisch angeordneten Kreisbögen, offenen Spiralen, ineinander verschachtelten Dreiecken, Knotenmustern, menschlichen Beinen oder anderen Formen. Über die ursprüngliche Bedeutung der Triskele ist nur wenig bekannt. Häufig wird – wie bei den meisten Spiralformen – vermutet, dass sie für den Weg des Lebens oder symbolisch für die Sonne stehen. Bei der heutigen Deutung spielt die „magische Drei", die insbesondere in der keltischen Mythologie Bedeutung hat, eine große Rolle. So können verschiedene Zusammenhänge und Zyklen angenommen werden:

- Vergangenheit, Gegenwart und Zukunft
- Geburt, Leben und Tod
- Körper, Geist und Seele
- Erde, Wasser, Luft (als „Elemente")
- die Triade von Göttern und Göttinnen
- Generationenfolge (beispielsweise junges Mädchen, Mutter, Greisin).

Endnoten

1 Treverer = keltischer Stamm, der das Gebiet des heutigen Hunsrücks und der Eifel bewohnte.

2 Mediomatriker= keltischer Stamm im Gebiet des heutigen Lothringen.

3 „Tatis“, keltisch Vater.

4 Divodurum = die heutige Stadt Metz in Lothringen. Damals Hauptstadt der Mediomatriker.

5 Die pfiffigen Kelten gelten als Erfinder der Mähmaschine, welche dann von den Römern übernommen und als vallus bezeichnet wurde. Mit ihr konnte man große Getreidemengen innerhalb kurzer Zeit ernten.

6 Ein Teil einer Sklavenfessel wurde während der Ausgrabungen auf dem Ringwall gefunden.

7 Diese Grube mit rituellen Beigaben wurde im Jahr 2006 während archäologischen Ausgrabungen auf dem Ringwall Otzenhausen wiederentdeckt. Die Funde wurden restauriert und gaben den Forschern wichtige Hinweise auf die Opferriten der Kelten.

8 Remer = Keltenstamm, der im Gebiet der Maas ansässig war.

9 Parisi = Keltenstamm im Gebiet der heutigen Stadt Paris.